PARA ESTAR BIEN

LA CLAVE DE LA CONFIANZA

Katty Kay y Claire Shipman

LA CLAVE
DE LA
C⦿NFIANZA

El arte y la ciencia de la autoconfianza para mujeres

OCEANO

LA CLAVE DE LA CONFIANZA
El arte y la ciencia de la autoconfianza para mujeres

Título original: THE CONFIDENCE CODE. THE SCIENCE AND ART OF SELF-ASSURANCE—
WHAT WOMEN SHOULD KNOW

Publicado según acuerdo con HarperBusiness, un sello de HarperCollins Publishers.

Traducción: Enrique Mercado

Diseño de portada: Della Carney
Imagen de la portada: © chuwy / Istockphoto
Fotografía de las autoras: © Marissa Rauch

D. R. © 2023, Editorial Océano de México, S.A. de C.V.
Guillermo Barroso 17-5, Col. Industrial Las Armas,
Tlalnepantla de Baz, 54080, Estado de México
info@oceano.com.mx

Segunda reimpresión: marzo, 2023

ISBN: 978-607-735-604-2

Impreso en México / Printed in Mexico

Para nuestras hijas,
Maya, Poppy y Della,
y nuestros hijos,
Felix, Jude y Hugo

Índice

Introducción

Hay una cualidad que distingue a algunas personas. Es difícil de definir, pero fácil de reconocer. Con ella, puedes hacer frente al mundo; sin ella, nunca desarrollarás tu potencial.

No cabe duda de que Susan, de veintiocho años, poseía de sobra esa cualidad. Pero como a muchas otras mujeres, le aterraba hablar en público. Tenía mucho que decir; simplemente no le gustaban los reflectores. Confesaba a sus amigas que pasaba horas en vela preocupada por sus próximas presentaciones, temiendo ser víctima del ridículo. Sus primeras incursiones en la oratoria no fueron muy afortunadas, pero persistió. Armada de un puñado de notas y protegida con vestidos cómodos y prácticos, combatía sus nervios y comunicaba su controvertido mensaje una y otra vez, a menudo ante un escéptico público masculino. Sabía que debía vencer su temor para hacer bien su trabajo. Y lo logró, convirtiéndose en una oradora muy persuasiva.

Susan B. Anthony, vocera de las sufragistas estadunidenses, luchó durante cincuenta años por el derecho de las mujeres a votar. Murió en 1906, catorce años antes de ver consumado su esfuerzo, pero jamás desistió, ni a causa de su vulnerabilidad ni de la aparente imposibilidad de triunfar.

Como mujer, el diario trayecto a la escuela en el Pakistán moderno demanda esa misma cualidad. Y ser una chica de doce años capaz de desafiar al talibán por exigir reformas educativas y bloguear con el mundo mientras escuelas vuelan en pedazos a su alrededor lo requiere decididamente.

Persistir, seguir luchando por una causa tras ser bajada de un autobús, recibir un disparo en la cabeza de parte de extremistas y ser dada por muerta a los catorce años exige una enorme dosis de algo notable. Malala Yousafzai es valiente, sin la menor duda. Cuando el talibán anunció su propósito de eliminarla, ella apenas si parpadeó, diciendo: "Pienso en eso con frecuencia e imagino la escena claramente. Si vienen a matarme, les diré que lo que quieren hacer está mal, porque la educación es un derecho básico".

Pero Malala también se sirve de algo más, algo que alimenta su rebeldía y da cuenta de su avance sostenido. Cultiva una certeza extraordinaria, casi inimaginable, de que puede triunfar, pese a tener todo en contra, como una muralla.

Separadas por un siglo entre sí, a estas dos mujeres las une una fe común, la sensación de que pueden lograr lo que se proponen. Comparten su seguridad en sí mismas. Esta cualidad es poderosa, incluso esencial y sumamente escasa entre las mujeres.

La escurridiza naturaleza de la seguridad nos ha intrigado a las autoras de este libro durante años, desde que empezamos a escribir *Womenomics* (Economía de las mujeres), en 2008. En esa obra nos ocupamos en detallar los cambios positivos en la situación de la mujer: datos notables sobre nuestro valor para las ganancias de las empresas, y sobre el poder que nos da equilibrar nuestra vida y seguir teniendo éxito. Pero mientras conversábamos con mujeres, docenas de ellas, todas realizadas y con altas acreditaciones, no cesábamos de chocar con un enigma que ni siquiera podíamos identificar, una fuerza que evidentemente nos frena a todas. ¿Por qué la exitosa banquera de inversión nos dijo que no merecía el importante ascenso que se le acababa de conceder? ¿Qué significaba que la ingeniera en rápido desarrollo, pionera de su industria durante décadas, nos haya dicho sin más que no creía ser la mejor opción para encabezar el nuevo gran proyecto de su compañía?

Tras dos décadas de cubrir la fuente política en Estados Unidos, hemos entrevistado a algunas de las mujeres más influyentes de esa nación. En nuestro trabajo y nuestra vida nos codeamos con personas que sería de suponer que desbordaran seguridad. Pero luego de una inspección

14

más atenta con un nuevo enfoque nos sorprendió descubrir el alto grado en que en los centros de poder de ese país las mujeres dudan de su propia capacidad. Una tras otra, de legisladoras a directoras generales, nos ofrecieron alguna versión de la misma sensación inexplicable de no admitir del todo su derecho a estar en la cima. Demasiadas de las muy capaces mujeres a las que conocimos y con las que hablamos parecían carecer de audacia, de una fe firme en su aptitud. Descubrimos igualmente que, para algunas mujeres poderosas, este tema es incómodo, porque podría revelar algo que ellas consideran una debilidad vergonzosa. Si *esas* mujeres piensan así, basta imaginar la situación en la que nos hallamos las demás.

Tú conoces esas inquietantes sensaciones: el miedo a parecer tonta o presumida si expresas tu opinión; la percepción de que tu éxito es inesperado e inmerecido; la ansiedad que te da dejar tu zona de confort para intentar algo emocionante, difícil y tal vez arriesgado.

Nosotras mismas hemos sentido a menudo ese tipo de vacilación. Hace unos años, al final de una cena, intercambiar impresiones sobre nuestros niveles de seguridad, pese a que nos conocíamos bien una a otra, fue toda una revelación. Katty asistió a una universidad de elite, fue una estudiante sobresaliente y habla varios idiomas, pero se ha pasado la vida convencida de que no es tan inteligente para competir por los puestos periodísticos más prestigiosos. A Claire esto le pareció inverosímil, hasta risible, pero se dio cuenta de que, durante años, ella también tuvo repetidas consideraciones para con los periodistas machos alfa en torno suyo, suponiendo que, como eran más escandalosos y seguros que ella, sabían más. Casi inconscientemente, creía que tenían derecho a hablar más en televisión. ¿De veras eran más seguros?

Las preguntas no cesaban. ¿Habíamos tropezado con unas cuantas anécdotas aquí y allá, o era verdad que las mujeres somos menos seguras que los hombres? ¿Qué era, por cierto, la seguridad en uno mismo? ¿Qué nos permite hacer? ¿Cuán decisiva es para nuestro bienestar? ¿Para el éxito? ¿Nacemos con ella? ¿Podemos conseguir más? ¿La creamos o frustramos en nuestros hijos? Hallar respuesta a estas interrogantes sería obviamente nuestro nuevo proyecto.

15

Al final cubrimos más territorio del previsto, porque cada entrevista y cada respuesta nos convencían de que la seguridad no sólo es un ingrediente esencial de la vida, sino también inesperadamente compleja. Nos reunimos con científicos que estudian cómo se manifiesta la seguridad en ratas y monos de laboratorio. Hablamos con neurólogos que sugirieron que echa raíces en nuestro ADN y con psicólogos que nos dijeron que es producto de las decisiones que tomamos. Hablamos con entrenadores deportivos y coaches de la conducta, quienes nos dijeron que procede del esfuerzo y la práctica. Rastreamos a mujeres dotadas de mucha seguridad y a otras con menos, para conocer sus reacciones. Y hablamos con hombres: jefes, amigos y cónyuges. Gran parte de lo que descubrimos es relevante para ambos sexos; nuestros trazos genéticos no son tan distintos en lo tocante a la seguridad. Sin embargo, las mujeres pasamos a este respecto por una crisis muy específica.

Durante años hemos bajado la cabeza y cumplido las reglas. Es innegable que hemos progresado, pero seguimos sin alcanzar las alturas que sabemos que podemos conquistar. Intolerantes desatinados sugieren que no somos competentes. (En lo personal, nosotras no hemos conocido a muchas mujeres incompetentes.) Otros dicen que los hijos alteran nuestras prioridades y, sí, hay algo de verdad en eso. Nuestro instinto maternal engendra en efecto un complicado estira y afloja emocional entre nuestra vida doméstica y laboral que, al menos por ahora, no es tan extremo para la mayoría de los hombres. Muchos observadores apuntan a barreras culturales e institucionales en contra nuestra. También hay algo de verdad en eso, pero a todas esas razones les falta algo más profundo: que no creemos en nosotras mismas.

Lo vemos en todas partes: mujeres brillantes con ideas por aportar que no alzan la mano en reuniones. Mujeres apasionadas que serían líderes excelentes pero que no se sienten bien pidiendo votos o recaudando fondos de campaña. Madres escrupulosas que prefieren que otros presidan la sociedad de padres de familia mientras ellas trabajan tras bastidores. ¿A qué se debe que, cuando sabemos que tenemos la razón, parezcamos menos seguras que los hombres cuando creen que podrían estar equivocados?

16

Nuestra complicada relación con la seguridad es aún más pronunciada en el trabajo, en nuestras actividades públicas. Pero puede extenderse a nuestra vida en el hogar, socavando así las áreas en las que tradicionalmente nos hemos sentido más seguras. Piénsalo. Te encantaría hacer un meditado brindis en la fiesta de cumpleaños de tu mejor amiga, pero la sola idea de hablar frente a treinta personas te hace sudar, así que terminas balbuceando unas cuantas palabras, abreviando tu intervención y sintiéndote insatisfecha por no haberle hecho justicia a tu amiga. Siempre quisiste competir por la presidencia de tu grupo en la universidad, pero pedir a otros que votaran por ti te parecía demasiado arrogante. Las opiniones sexistas de tu cuñado son insoportables, pero temes parecer estridente si lo enfrentas en público y, además, él siempre parece derrochar aplomo.

Piensa en todo lo que a lo largo de los años te habría gustado decir, hacer o intentar pero que no hiciste porque algo te detuvo. Puede ser que ese algo haya sido falta de seguridad. Sin ella, nos empantanamos en deseos incumplidos, rumiando excusas en nuestra cabeza hasta paralizarnos. Esto puede ser agotador, frustrante y deprimente. Trabajes o no, quieras el mejor puesto o uno de medio tiempo, ¿no sería maravilloso que dejaras de angustiarte y preocuparte por todo lo que quisiste hacer pero no hiciste porque no confiabas en ti?

En los términos más elementales, lo que debemos hacer es actuar, arriesgarnos, fracasar y dejar de balbucear, disculparnos y andarnos con rodeos. No es que no seamos capaces de triunfar; es que, al parecer, no creemos serlo, y esto nos impide intentarlo siquiera. Nos gusta tanto hacer todo bien que nos aterra hacer mal algo. Pero si no corremos riesgos, nunca subiremos de nivel.

La mujer plena del siglo XXI debe dedicar menos tiempo a preocuparse de si es competente y más a creer en sí misma y actuar. Capacidad le sobra.

La revista *The Economist* calificó recientemente la potenciación económica de las mujeres como el cambio social más importante de nuestro tiempo. En Estados Unidos, hoy más mujeres que hombres obtienen títulos de licenciatura y posgrado. Mujeres dirigimos algunas de las compañías más grandes. En el mundo hay diecisiete jefas de Estado. Controlamos más de ochenta por ciento del gasto de consumo en Estados Unidos y, en 2018, ganaremos más que nuestros esposos. Constituyendo la mitad de la fuerza de trabajo hoy en día, ya cerramos la brecha en los mandos medios. Nuestra competencia y aptitud para destacar nunca había sido más obvia. Quienes estudian con lentes de precisión los cambios en los valores de la sociedad ven al mundo seguir una dirección femenina.

No obstante…

En las alturas, nuestro número sigue siendo reducido, y apenas si aumenta. En todos los niveles, nuestro talento no se desarrolla al máximo. Nos sentimos estancadas porque, con demasiada frecuencia, no vemos, ni imaginamos, qué es posible.

"Cuando, al pensar en su carrera futura, un hombre se mira en el espejo, ve a un senador. Una mujer nunca sería tan presuntuosa." Con una simplicidad que desarma, esta observación de Marie Wilson, veterana de los movimientos políticos de la mujer, fue en más de un sentido la plataforma de lanzamiento de esta exploración. A nosotras nos pareció muy cierta porque compendia perfectamente tanto nuestra reticencia como nuestra inseguridad. Y las mujeres mismas contribuimos a ello. Aun si *somos* senadoras, directoras generales o empleadas de alto rendimiento en el espejo no nos reconocemos como tales ni reconocemos nuestros triunfos. Las mujeres que han alcanzado alturas admirables no siempre han eliminado la persistente sensación de que se les podría desenmascarar como simuladoras. Y en vez de disminuir con el éxito, esta sensación suele aumentar cuanto más subimos.

Un año antes de la publicación de su libro *Lean In* (Agacharse), Sheryl Sandberg, directora de operaciones de Facebook, nos dijo: "Aún hay días en que me despierto sintiéndome una farsante, insegura de que debo estar donde estoy". También nosotras pasamos años atribuyendo nuestro éxito a la suerte o, como Blanche DuBois, a la bondad de los extraños. Y no es que nos subestimáramos deliberadamente; de veras lo *creíamos*. Después de todo, ¿cómo podíamos merecer haber llegado adonde estábamos?

A menudo la seguridad de las mujeres declina en patrones más prosaicos. Peggy McIntosh, socióloga de Wellesley College que ha escrito mucho sobre el apropiadamente llamado *síndrome del impostor*, recuerda vívidamente un congreso al que asistió hace tiempo: "Una tras otra, diecisiete mujeres tomaron la palabra en la sesión plenaria, y las diecisiete iniciaron su intervención con una disculpa o evasiva: 'Sólo tengo un breve comentario que hacer', 'Nunca he pensado mucho en esto' o 'En realidad no sé si esto sea cierto'. ¡Y era un congreso sobre el liderazgo de las mujeres!".

Los datos son muy desalentadores. En comparación con los hombres, las mujeres no creemos estar preparadas para un ascenso, suponemos que nos irá mal en una prueba y muchas afirmamos categóricamente en encuestas que no nos sentimos seguras en nuestro trabajo.

Parte del problema es que no comprendemos las reglas. Desde hace mucho hemos creído que si trabajamos más y no causamos molestias nuestro talento natural relucirá y será recompensado. Pero luego vemos que los hombres reciben ascensos y también que se les paga más. Sabemos en el fondo que no son más capaces que nosotras, pero proyectan un nivel de satisfacción consigo mismos que les gana notoriedad y recompensas. Esa satisfacción, esa confianza, es seguridad, o al menos la versión que los hombres tienen de ella.

Las más de las veces, la seguridad se manifiesta en ellos en forma muy poco atractiva y totalmente extraña para nosotras. A la mayoría no nos gusta dominar conversaciones, darnos aires en una sala de juntas, interrumpir a los demás o promover nuestros logros. Algunas hemos probado estas tácticas al paso de los años, sólo para descubrir que no son nuestro estilo.

Valga aquí una pausa para señalar que las autoras sabemos que, al hablar de las mujeres en general, simplificamos. Algunas ya han descifrado este código y otras, desde luego, no siempre se reconocerán en estas páginas. Estamos lejos de ser monolíticas como género. Este tema es tan importante para la mayoría de nosotras, mujeres de todo tipo de personalidades, orígenes étnicos y religiosos y niveles de ingresos, que confiamos en que se nos perdone la decisión de generalizar en ocasiones, antes que puntualizar constantemente. Estamos resueltas a calar hondo, porque el tema lo merece.

Es mucho lo que está en juego para privarnos de buscar seguridad sólo porque el modelo masculino imperante podría no ajustarse a ello, o porque la realidad parece ominosa. Perdemos demasiadas oportunidades. Mientras las autoras diseccionábamos artículos académicos y revisábamos transcripciones de entrevistas, decidimos que lo que necesitamos es un plan de acción para la seguridad —una clave de la confianza, si se quiere— que nos guíe en la dirección correcta.

Considérese a mujeres como nuestra amiga Vanessa, exitosa recaudadora de fondos de una organización no lucrativa. En fecha reciente, fue convocada por el presidente de la organización para su evaluación anual. Vanessa había conseguido mucho dinero para el grupo y pensó que recibiría una franca palmada en la espalda. En cambio, su jefe la enfrentó a la realidad. Sí, ella había atraído muchos fondos, pero si quería llegar a ser una líder de alto rango en la organización debía empezar a tomar decisiones. "No importa si son correctas o no", le dijo. "Tu equipo necesita saber que puedes hacer una propuesta y apegarte a ella." Vanessa no podía creer lo que oía. ¿No importa si son correctas o no? Eso era un anatema para ella.

Pero reconoció la verdad en las palabras de su jefe. Estaba tan absorta en ser perfecta, en tener siempre la razón, que esto le impedía tomar decisiones, en particular decisiones rápidas. Como tantas otras mujeres, Vanessa es perfeccionista, pero su búsqueda de la perfección y sus jornadas de trabajo de catorce horas no eran lo que su grupo necesitaba. Además, sus hábitos le impedían actuar tan decididamente como era preciso.

Si, como nosotras, pides a científicos y académicos definir el optimismo, obtendrás una respuesta muy sistemática. Lo mismo puede decirse de la felicidad y muchas otras cualidades psicológicas básicas; han sido diseccionadas y examinadas tan a menudo y por tanto tiempo que ya disponemos de numerosos consejos prácticos para cultivar esos atributos en nosotras y en los demás. Pero las autoras descubrimos que no puede decirse lo mismo de la seguridad. Ésta es una cualidad mucho más enigmática, y lo que aprendimos de ella no es para nada lo que suponíamos cuando nos propusimos develar su naturaleza.

Para comenzar, existe una diferencia entre seguridad y jactancia. También terminamos por ver que la seguridad no está exclusivamente en nuestra mente ni es generada por ejercicios para aumentar la autoestima. Pero, quizá más significativamente aún, descubrimos que el éxito está más correlacionado con la seguridad que con la aptitud. Sí, hay pruebas de que, para avanzar, la seguridad es *más importante* que la aptitud. Ésta fue una noticia particularmente desconcertante para nosotras, que pasamos la vida pugnando por ser competentes.

Otro hallazgo perturbador es que algunas nacemos con más seguridad que otras. Y sucede que esto es parcialmente genético. Nos hicimos pruebas genéticas para ver qué mostraban. Las compartiremos contigo más adelante, por ahora baste decir que los resultados nos sorprendieron. Descubrimos además que los cerebros masculino y femenino operan de manera diferente, lo que influye en nuestra seguridad. Sí, esto es controvertido, pero cierto.

No obstante, la seguridad en uno mismo es ciencia sólo en parte. También es arte. Y el modo en que la gente vive tiene en definitiva un impacto muy grande en el marco original de su seguridad. Las investigaciones más recientes demuestran que, a cualquier edad, podemos modificar literalmente nuestro cerebro en formas que afectan nuestros pensamientos y conducta. Por fortuna, parte sustancial de la clave de la confianza es, como dicen los psicólogos, *volitiva*: decisión nuestra. Con un esfuerzo diligente, todas podemos optar por extender nuestra seguridad. Pero sólo lo conseguiremos si dejamos de intentar ser perfectas y estamos dispuestas a fracasar.

Lo que los científicos llaman *plasticidad*, para nosotras es *esperanza*. Si te empeñas en ello, la estructura de tu cerebro podría ser más propensa a la seguridad. Y si algo de nosotras sabemos es que jamás rehuimos el esfuerzo.

Como reporteras, las autoras de este libro hemos tenido la suerte de explorar los corredores del poder del mundo entero en busca de información y hemos visto las posibilidades que la seguridad brinda a una persona. Vemos que hay quienes apuntan alto y dan por supuesto que triunfarán, mientras que otros dedican el mismo tiempo y energía a pensar en docenas de razones de por qué no pueden hacerlo. Como madres, hemos observado el efecto de la seguridad en nuestros hijos. Vemos que los chicos en libertad de decir, hacer y arriesgarse aprenden sobre la marcha y acumulan lecciones para el futuro. Y que los que se contienen temen consecuencias imprecisas e inmerecidas.

Como mujeres, y gracias en particular a este proyecto, las dos hemos *sentido* el efecto transformador de la seguridad en nuestra vida profesional y personal. De hecho, descubrimos que el éxito no es el indicador más importante. El solo hecho de tener seguridad y hacer buen uso de ella procura una singular sensación de realización. Una científica a la que entrevistamos describió sus roces ocasionales con la seguridad en términos especialmente resonantes: "Siento una relación espectacular de llave-cerrojo con el mundo", nos dijo. "Puedo obtener logros. Y estoy involucrada." La vida con seguridad en nosotras mismas puede ser fascinante.

1 No basta con ser capaz

Antes de hallar la puerta siquiera, oímos —y sentimos— reverberar en los corredores una instrucción retumbante, brusca y arrolladora. Habíamos llegado a las entrañas del enorme complejo deportivo de Washington, D.C., el Verizon Center, en busca de la seguridad pura. Queríamos verla en acción, observarla en la cancha de basquetbol, donde, suponíamos, debía ser inmune a la turbulencia de la vida ordinaria, verse libre de las batallas del género y estar reducida a su esencia. Buscábamos un momento de eureka, una descripción tan clara y convincente de la seguridad que sacudiera nuestro femenino GPS psicológico y nos dijera a gritos: "¡Es por acá! Éste es su destino. El punto al que se dirigen".

Era el entrenamiento inaugural de la temporada 2013 de las Mystics de Washington y, al llegar a la arenosa cancha de prácticas del sótano, lo primero que notamos fue el físico descollante de las basquetbolistas. No era sólo que se elevaran en promedio por encima de los 1.80 metros de alto y poseyeran brazos musculosos con los que nosotras apenas si podíamos soñar. Había en ellas un aire de mando, surgido del dominio que tenían de uno de los deportes profesionales más agresivos y desafiantes entre los que practicamos las mujeres.

Rastrear la seguridad genuina no es fácil. Habíamos visto mucho de algo semejante en salas de juntas, oficinas de políticos y fábricas. Pero esta seguridad solía parecer efímera, o impuesta por dictados sociales. A veces se sentía falsa, una actuación demasiado ensayada que escondía pozos profundos de desconfianza de sí. Supusimos que el deporte sería diferente.

23

No puedes fingir seguridad en los pulidos pisos de 28 por 15 metros de una cancha profesional de basquetbol. Para ganar aquí es indispensable que creas en ti misma. Que no dudes, no deliberes, no titubees. Igual que en todas las demás actividades deportivas de importancia, también aquí la excelencia es meticulosamente medida, registrada y juzgada. Y concediendo la presencia de las herramientas físicas básicas, el ingrediente central del éxito en los deportes competitivos es la seguridad. Legiones de psicólogos deportivos han atestiguado su elemental importancia en todas las disciplinas. Si no fuera así, y si su carencia no representara un problema, no habría siquiera psicólogos deportivos, ¿verdad?

Por eso sabíamos que el basquetbol femenil sería un pródigo laboratorio para nosotras. Además, esta caja de Petri es una de las pocas en que es posible ver trabajar en común a mujeres adultas separadas de los hombres, lo que elimina un importante inhibidor de la seguridad.

Esa mañana, la cancha bullía de acción y vehemencia. Las Mystics buscaban recuperarse de sus dos peores temporadas en los diecisiete años de historia de la Women's National Basketball Association (Asociación Nacional de Basquetbol Femenil, wnba). Las autoras estábamos atentas a dos jugadoras en particular. Monique Currie —o Mo, como la llaman sus compañeras— es nativa del Distrito de Columbia y un fenómeno del baloncesto en la preparatoria, y más tarde en Duke. Se trata de la delantera estrella del equipo y la jugadora más enérgica que vimos. Sus hombros increíblemente anchos, aun para sus 1.80 metros de estatura, adoptaban una curva de resolución cada vez que atacaba la canasta.

Crystal Langhorne, de 1.88 metros de estatura, es una delantera vigorosa. Cuando estaba en la preparatoria, fue preciso convencer a su devoto padre de que la dejara jugar los domingos. Como profesional, Langhorne ha pasado de novata mediocre a jugadora estelar, con un lucrativo contrato promocional con Under Armour. Una cinta blanca sujetaba su largo cabello oscuro mientras se deslizaba hacia la canasta, disparando con una facilidad digna del zen.

Apenas llevábamos ahí unos cuantos momentos cuando se inició una intensa refriega, y ahí la teníamos: la ejecución implacable de un deslumbrante relámpago de pases perfectamente sincronizados, fintas arteras y tiros de tres puntos, un llamativo despliegue de agilidad y poder.

La seguridad es la pureza de acción producida por una mente libre de dudas. Así la define uno de nuestros expertos. Y eso era lo que nosotras acabábamos de ver en la cancha, pensamos triunfalmente.

Pero después del entrenamiento encontramos otra cosa. Cuando nos sentamos a charlar con Monique y Crystal, nuestra instantánea impecable se desdibujó en medio de una plétora de dudas y contradicciones. Ni siquiera aquí, en la WNBA, se habían vencido del todo las trabas que pesan sobre la seguridad.

Sin la cancha como telón de fondo y despojadas ya de su lustroso uniforme deportivo, Monique y Crystal parecían un poco menos intimidantes. Eran ya sólo un par de jóvenes excepcionalmente altas y atractivas que, visiblemente exhaustas, se sumían aliviadas en los sillones afelpados de la sala VIP. Monique, quien se había puesto una ajustada chamarra de mezclilla y una camiseta, se interesó y abordó al instante el tema de la seguridad. Nosotras tuvimos la sensación de que le tocaba muy de cerca.

"Como jugadora, a veces tienes como que batallar un poco con tu seguridad", dijo, "ya sea porque las cosas no marchan bien o porque no crees estar jugando como podrías hacerlo. Para jugar así, debes creerte capaz y creer en tu aptitud."

Crystal asintió con la cabeza, parcialmente oculta la cara por una gorra de los Yankees. Entonces habló, señalando que la seguridad de las atletas se ve afectada por muchas cosas que no parecen afectar a los hombres. "Si damos un mal partido", sugirió, "yo pienso: '¡Perdimos, caray!', pero siento que hice todo lo posible para que el equipo ganara y para satisfacer a los aficionados. Pero si los hombres tienen un mal partido, piensan: 'Fue un mal juego'. Superan más pronto la derrota."

Algo que nos llamó la atención de nuestra conversación con Crystal y Monique fue que cada respuesta hacía surgir una comparación con los hombres, aun antes de que nosotras preguntáramos al respecto. Y eso que las Mystics no compiten directamente con varones. Las frustraciones que se mencionaron nos resultaron tan conocidas que bien podíamos haber estado platicando con mujeres en nuestro centro de trabajo. ¿Por qué los hombres suelen creerse sensacionales? ¿Por qué parecería que los errores y los comentarios ambivalentes se les resbalan?

"En la cancha, para nosotras es difícil decir ciertas cosas o jugar rudo", dijo Crystal, "porque nos sentimos ofendidas fácilmente. El asistente de nuestro entrenador dice que, cuando los hombres se insultan, olvidan muy rápido que lo hicieron".

"Yo soy así", señaló Monique en ese momento, con una sonrisa mordaz. "Soy ruda."

"Mo es distinta, parecida a los hombres", dijo Crystal, riendo. "Puedes decirle algo y no te hace caso, más allá de gritar. Ya llevo mucho tiempo jugando con ella, así que sé cómo es."

Comoquiera que sea, hasta la propia Monique entornó los ojos cuando se le preguntó si su fuente de confianza es tan profunda como la de los hombres. "Los equipos de ellos", contestó, con el tono de leve perplejidad e irritación que terminaríamos por reconocerle como propio, "son de trece o quince jugadores, pero todos, hasta el último en la cancha, que no juega ni un minuto, tienen la misma seguridad y ego que el superastro." Sonrió, sacudió la cabeza y continuó: "Las mujeres somos diferentes. Si no juegas, o si no se te considera una de las mejores atletas del equipo, tu seguridad se viene abajo".

Nos preguntábamos qué pensaría de todo esto el entrenador, a quien habíamos visto en el entrenamiento. Quince centímetros más bajo y de edad dos veces mayor que casi todas las jugadoras, Mike Thibault, que llevaba puesta la playera azul marino del equipo, había sido un rato antes uno de los pocos hombres en la cancha. Legendario entrenador de la WNBA que cosechó durante años victorias para las Suns de Connecticut, acababa de llegar a Washington con la misión de cambiar la suerte de las Mystics. Estaba en una posición única para hablar de la seguridad de hombres y mujeres, habiendo entrenado a unos y otras por igual. Como cazatalentos de la NBA, había participado en el reclutamiento de Michael Jordan. Más tarde fue entrenador adjunto de los Lakers de Los Ángeles y en los diez últimos años ha preparado a mujeres. La proclividad a hacer hincapié en los fracasos y errores y la incapacidad de dejar de pensar en el mundo exterior son, a su juicio, los principales impedimentos psicológicos de sus jugadoras, los que afectan directamente el desempeño y la confianza en la cancha.

"Una cosa es exigirse lo mejor y otra muy distinta ser demasiado severo con uno mismo", dijo Thibault. "Los mejores jugadores a los que he entrenado, como Jordan, son duros consigo mismos. Rigurosos. Pero también se recuperan con más facilidad. No permiten que los reveses se alarguen. En cambio, las mujeres tienden a prolongarlos."

"Evitar eso es muy difícil para mí, porque a veces como que me aferro a las cosas más de lo que debería", coincidió Mo. "Puedo deprimirme si fallo un tiro, aunque sepa que intenté hacerlo bien, pero no suelo decir: '¡Adelante! Sigamos con un nuevo partido'. Aun a mis treinta años, y después de ocho temporadas en la WNBA, eso es algo en lo que todavía tengo que trabajar."

"Siento que las mujeres seguimos queriendo complacer a los demás", dijo Crystal, soltando un suspiro. "Creo que eso fue lo que me sucedió el año pasado. Ése es mi problema: que a veces quiero complacer a la gente."

Mo se alzó de hombros. "Si tienes una actitud masculina y ese mismo tipo de arrogancia y seguridad, juegas mejor."

La verdad es que no esperábamos ni suponíamos que oiríamos esto. ¡Qué… *desagradable* que incluso en el hábitat de las estrellas del basquetbol femenil, que imaginábamos perfecto, la esencia de la seguridad fuera tan elusiva, o al menos estuviese tan sujeta a las mismas fuerzas que nosotras ya conocíamos! En la cancha, Monique y Crystal nos habían parecido tan… llenas de seguridad pura. Pero luego de treinta minutos de conversación, nos veíamos frente a personas que pensaban demasiado las cosas, inclinadas a complacer a los demás e incapaces de dejar atrás sus derrotas, rasgos que ya sabíamos que formaban parte de la lista negra de la confianza en una misma.

Si la seguridad pura no podía hallarse en los deportes profesionales, ¿dónde, entonces? Decidimos explorar un terreno en el que rutinariamente las mujeres son llevadas más allá de su zona de confort, en directa competencia con los hombres.

La oficial Michaela Bilotta acababa de graduarse con honores en la U.S. Naval Academy en Annapolis y fue la única mujer seleccionada, de los catorce miembros de su grupo, para integrar el prestigioso equipo de Explosive Ordnance Disposal (Desactivación de Explosivos, EOD). Este equipo tiene a su cargo manipular y desactivar armas químicas, biológicas y nucleares en áreas de conflicto y es común que sus integrantes sean desplegados junto con los de las fuerzas de operaciones especiales. Para ser elegido uno de sus miembros debes ser el mejor. Cuando nosotras felicitamos a Bilotta por su nombramiento, ella restó importancia en el acto a nuestros elogios, diciendo que su designación había sido "en parte casualidad". Le hicimos ver entonces que, aun si no era ésa su intención, acababa de rehusarse a admitir su éxito, ante lo cual reaccionó con una sonrisa a medias.

"Creo que, en efecto, me llevó más tiempo del que otros habrían necesitado reconocerme digna de esto", confesó, "aunque, viendo las cosas desde fuera, sí puedo pensar: 'Hiciste todo lo que debías y te ganaste tu sitio'." Hizo entonces una pausa. Nos encontrábamos en el sótano de la casa de sus padres, rebosante de prendas deportivas, trofeos y placas académicas, los recuerdos de la crianza de cinco hijas muy decididas. Nada indicaba ahí una infancia y adolescencia en las que no hubiera importado creer en uno mismo. "Pero yo dudé", dijo Bilotta, sacudiendo la cabeza. "Me preguntaba: '¿Cómo es posible que haya ocurrido esto? ¡Vaya que tengo suerte!'."

Suerte. ¿Qué podría estar más divorciado de la mera fortuna que vencer todos los obstáculos físicos, mentales e intelectuales de clara definición y medición objetiva que el ejército pone deliberadamente ante alguien como Michaela Bilotta? ¿Cómo es que ella no podía ver que lo que había conseguido no era pura casualidad?

Claro que nosotras sabemos muy bien cómo se sentía ella. También hemos sido expertas en atribuir nuestros éxitos a los caprichos del destino. Katty, por ejemplo, sigue albergando la noción de que su elevado perfil público en Estados Unidos se debe a su acento británico, lo que sin duda, sospecha ella, le concede puntos extra de CI cada vez que abre la boca. Claire, por su parte, pasó años diciendo que todo había sido "mera suerte" —estar en el lugar indicado y en el momento justo— cuando se le preguntaba cómo había llegado a ser corresponsal de CNN en Moscú, ciudad donde cubrió el colapso del comunismo cuando ella no había cumplido treinta años siquiera.

"Durante mucho tiempo creí en verdad que todo *había* sido cuestión de suerte. Aun mientras escribo esto, tengo que combatir ese impulso. Pero apenas hace muy poco me di cuenta de que no atribuirme el mérito de mis logros me impedía tener la seguridad indispensable para mis pasos profesionales *siguientes*", admite Claire. "Cuando me llegó el momento de regresar a Washington y cubrir la Casa Blanca, temblé literalmente. Pensé: 'Jamás aprenderé a reportear sobre política. ¡No sé nada de eso!'." Preocupada e insegura de dar la talla, debía haber confiado en lo que ya había hecho hasta entonces, para extraer de ahí un incentivo psicológico.

Cuanto más inspeccionábamos el terreno en busca de reductos de seguridad floreciente, más evidencias de escasez encontrábamos. La brecha de la seguridad es un abismo que se extiende a todas las profesiones, niveles de ingresos y generaciones, adoptando las más diversas formas y apareciendo donde menos te lo esperas.

En una conferencia que nosotras moderamos en el Departamento de Estado, Hillary Clinton, extitular de esa dependencia, habló con toda franqueza del temor que sintió cuando decidió contender por el Senado en 2000, tras ocho años como primera dama, décadas como cónyuge de un político y una exitosa carrera jurídica. "Es difícil enfrentar el fracaso público. Me di cuenta de que temía perder", nos dijo, tomándonos por sorpresa. "Al final", agregó, "el entrenador de un equipo preparatoriano de basquetbol femenil me motivó diciéndome: '¡Claro que podría usted perder! ¿Y eso qué? Atrévase a competir, señora Clinton. Atrévase a competir'."

Elaine Chao se atrevió a competir. Ella fue la primera secretaria de origen chino en un gabinete presidencial en Estados Unidos.[1] Durante ocho años, sirvió al presidente George W. Bush como secretaria del Trabajo, única integrante de ese gabinete en acompañarlo en los dos periodos de su gobierno. Pocas cosas en su pasado parecían predecir tales alturas. Nacida en Taiwán, Chao había llegado a Estados Unidos a los ocho años de edad, a bordo de un barco de carga, luego de que su padre logró reunir el dinero del pasaje. Su ascenso se lee como un relato clásico de esfuerzo, riesgo y seguridad a toda prueba.

Pero cuando preguntamos a Chao si, durante el periodo en su cargo, había dudado alguna vez de sus aptitudes, ella fue sumamente sincera, y graciosa. "Todo el tiempo", contestó. "No olviden que soy asiático-estadunidense. Temía que los periódicos publicaran titulares explosivos como 'Elaine Chao tropieza y deshonra a su familia'."

Nosotras suponíamos, y esperábamos, que las nuevas generaciones contarían relatos muy distintos. Pero sus historias son inquietantemente similares a las nuestras. Es difícil imaginar a un miembro más afortunado de la generación Y que Clara Shih, por ejemplo. Esta emprendedora de la tecnología de treinta y un años de edad fundó en 2010 la exitosa compañía de redes sociales Hearsay Social. Tenía apenas veintinueve cuando se integró al consejo de administración de Starbucks. Es una de las pocas directoras generales en el mundo aún tecno-macho de Silicon Valley. Y aunque no ha permitido que la brecha de la seguridad le impida acumular una impresionante sucesión de logros, admite que ha tenido derrapes. "En Stanford descubrí que la carrera de ciencias de computación era muy difícil. Tuve que hacer un esfuerzo enorme, especialmente en los cursos superiores", nos dijo. "Pero por alguna razón me convencí de que las cosas eran fáciles para los demás. A veces me sentía una impostora." Consideró incluso abandonar su carrera y pasarse a otra más sencilla. El día de su graduación, le sorprendió saber que había alcanzado el primer lugar en su grupo.

"Me di cuenta de que desde el principio había merecido estar ahí y de que algunos de los nerds que decían maravillas no necesariamente eran más listos."

Tia Cudahy, abogada de Washington, D.C., de apariencia siempre tranquila, optimista y confiada, nos contó que en fechas recientes había formado una sociedad con una colega para brindar consultoría externa, algo que había querido intentar desde tiempo atrás. Y he aquí que obtuvieron un contrato de inmediato. "Pensé al instante, sin embargo, en lo que yo no podía hacer, en las partes del trabajo para las que no me sentía muy calificada", nos dijo. Estuvo a punto de rechazar ese contrato, aunque al final logró disipar sus dudas.

Por fortuna, conversamos con ella al calor de unas copas, porque al menos esto nos permitió reír, luego de lanzar suspiros de reconocimiento. Estos arranques de desconfianza en nosotras mismas en que todas incurrimos son una pérdida de tiempo y energía. ¿Por qué los permitimos entonces?

Seguridad servida con *crème brûlée*

Esa mujer de 1.80 metros de estatura y cabello plateado caminó en nuestra dirección en un restaurante de Washington, D.C., cubierta por un refinado vestido de tweed oscuro e irradiando confianza con un aire de distinción. Mientras atravesaba el refinado restaurante, varios comensales voltearon y reconocieron a una de las mujeres más poderosas del mundo. Christine Lagarde dirige el Fondo Monetario Internacional (FMI), la organización que, compuesta por ciento ochenta y ocho países, tiene como misión estabilizar los sistemas financieros del orbe, prestar dinero a naciones selectas e imponer reformas en las que lo necesitan. Baste decir que es una persona muy ocupada.

Desde que concebimos este proyecto, imaginamos a Lagarde como una de las mejores guías posibles por la selva de la seguridad. Ella reclama un sitio poderoso en el club casi totalmente masculino de los titanes globales de las finanzas, y usa su formidable perfil para presionar a compañías y jefes de Estado a fin de que sitúen a mujeres en la cúspide, no porque esto sea políticamente correcto, sino porque ella cree que es bueno para la salud de la economía mundial. Se sirve para ello del mismo argumento que nosotras expusimos en *Womenomics*: la diversidad es buena para las utilidades.

Apropiadamente, quizá, ella llegó a su puesto actual porque, mientras contribuía a conjurar la debacle financiera global como ministra francesa de Finanzas, se descubrió que Dominique Strauss-Kahn, su predecesor en el FMI y miembro de la corta lista de posibles sucesores del presidente de Francia, engañaba sistemáticamente a su glamurosa y exitosa cónyuge. Cabría pensar que esto lo habría calificado *más* aún para ser presidente de su país, pero su donjuanismo incluía alegatos de agresión sexual contra una camarera de hotel y una periodista. El caso de la camarera se desechó más tarde, pero el escándalo llegó a la primera plana de los diarios de Estados Unidos, de donde se extendió al otro lado del Atlántico.[2] Resulta que, en Francia, es posible cruzar cierta línea en lo relativo al sexo.

Lagarde fue considerada entonces la persona ideal para poner las cosas en orden. Sus armas —un estilo racional y conciliador y una mentalidad práctica— ayudaron a atemperar la crisis económica internacional, exacerbada por la testosterona, y a sofocar la política interna del FMI.

Cuando la conocimos en persona, nos impresionó de Lagarde su porte señorial y elegante, y su espesa cabellera blanca, que enmarcaba su rostro con un toque femenino pero no recargado. (Su única floritura era una bufanda de seda sutilmente decorada, la cual cubría su cuello con un gusto exasperantemente francés que ninguna de nosotras había visto nunca y que jamás podríamos igualar.) Al presentarse nos lanzó una mirada amigable y aguda, y sonrió. Se mostró franca y encantadora al contarnos acerca de sus dos hijos adultos, su preferencia por la bicicleta sobre el coche en Washington y su novio francés de larga distancia.

Crecida y educada en Francia, al concluir la preparatoria Lagarde pasó un año como becaria en el Capitolio de Estados Unidos. Tras estudiar leyes en París, decidió regresar a esa nación luego de que su jefe en un despacho de abogados le dijera que, siendo mujer, nunca obtendría ahí la categoría de socio. Quince años después era no sólo socia de Baker & McKenzie, importante bufete jurídico internacional con sede en Chicago, sino también su primera presidenta.

En medio de una trucha a la parrilla y espinacas deshidratadas, Lagarde recordó haber desconfiado mucho de sí mientras ascendía. "Hacer presentaciones o discursos solía ponerme muy nerviosa; hubo momentos en que tuve que armarme de valor para levantar la mano y decir algo en lugar de abstenerme."

Más todavía, esta mujer que se sienta en reuniones junto a algunos de los hombres más poderosos del mundo y les dice que deben cambiar de actitud y dirigir de otro modo su economía *aún* teme ser tomada por sorpresa. "Hay ocasiones en las que, de lo más hondo de mi ser, tengo que sacar fuerza, seguridad, bases, historia, experiencia y cuanto hay a fin de hacer valer mi opinión."

En el curso de esa cena nos enteramos de que, en compensación, ella se prepara celosamente para todo. ¿Y quién la acompaña en el sentimiento de que esto es muy difícil de conseguir? Una de las pocas mujeres a su altura: la canciller alemana.

"Angela Merkel y yo hemos hablado de este tema", confió. "Descubrimos que tenemos el mismo hábito. Cuando nos ocupamos de un asunto particular, trabajamos el expediente respectivo por dentro, por fuera, a los lados, atrás, histórica, genética y geográficamente. Queremos estar completamente al tanto de todo y comprenderlo todo, y no nos gusta que nadie nos time."

Dejando a un lado la *crème brûlée* que disfrutábamos, tratamos de asimilar la imagen de dos de las mujeres más poderosas del mundo apartándose a un rincón para intercambiar impresiones sobre su necesidad mutua de prepararse muy bien para todo. Y ella añadió espontáneamente algo que casi ningún hombre estaría dispuesto a reconocer: "Damos por sentado, creo yo, que no tenemos tanta experiencia como para comprenderlo todo".

"Claro que esto tiene que ver con el tema de la seguridad", concluyó, alzándose de hombros; "el hecho de prepararse y ensayarlo todo y de confirmar que lo entiendes bien y no cometerás un error." ¿Es un problema?, le preguntamos. "Bueno", contestó Lagarde, bromeando, "¡quita mucho tiempo!"

El perfeccionismo ya estaba más que incluido en nuestra creciente lista de extintores de la seguridad, así que, además de impresionarnos con su confianza en sí misma, nuestro modelo expuso en forma persuasiva la profundidad del problema. (Tal como ocurre con la desgracia, nos alivió perversamente saber que no estábamos solas. Si atletas amazonas, aguerridas militares graduadas y financieras globales son susceptibles de poner en duda su propia capacidad, no es de sorprender que las meras mortales también tengamos problemas.) Pese a su vulnerabilidad, en general nos dio la impresión de que Lagarde es una mujer con una seguridad que ya querríamos tener nosotras, contradicción en la que no dejamos de pensar varios meses.

La noche que cenamos con Lagarde, ella volvía de la reunión anual del Foro Económico Mundial en Davos, Suiza, y entre risas recordó un panel sobre el avance económico de las mujeres en el que había participado al lado de otras luminarias, como su amiga Sheryl Sandberg.

"Por mera fórmula, incluyeron en la mesa a un hombre, pobrecito; hizo cuanto pudo por mostrarse enérgico. Nosotras estábamos muy atentas a la moderadora y le pedíamos autorización para intervenir. A él no habría podido importarle menos. La ignoraba y hablaba cuando quería. En aquellas circunstancias, fue inevitable que él pareciera demasiado rudo."

Este incidente le hizo recordar que las mujeres no necesariamente debemos competir conforme a la pautas de un manual masculino.

"Si es más interesante ser mujer que hombre, ¿por qué habríamos de reprimirlo en vez de ser nosotras mismas con vigor y valía? Siempre he dicho que no debemos tratar de imitar a los hombres en todo lo que hacen."

Era una idea muy interesante, pero que nosotras no apreciaríamos por entero hasta más tarde.

Veinte por ciento menos valiosas

La falta de seguridad femenina es más que una mera colección de anécdotas de alto octanaje, o de escenarios desgarradoramente familiares. Cada vez está mejor cuantificada y documentada. El Institute of Leadership and Management del Reino Unido realizó en 2011 un estudio en el que preguntó sencillamente a mujeres británicas cuán seguras se sentían en su profesión.[3] Resultó que no mucho. La mitad de las entrevistadas dijo dudar de su carrera y desempeño, contra menos de un tercio de los hombres encuestados.

Linda Babcock, profesora de economía de la Carnegie Mellon University y autora de *Women Don't Ask* (Las mujeres no preguntan), identificó una falta de seguridad similar entre las estadunidenses, con consecuencias concretas.[4] En estudios con alumnos de escuelas de administración, descubrió que los hombres inician negociaciones salariales cuatro veces más a menudo que las mujeres, y que cuando éstas negocian, piden treinta por ciento menos que ellos.

En la Manchester Business School de Inglaterra, la profesora Marilyn Davidson dice a su vez que ese problema se deriva de la falta de seguridad y expectativa.[5] Cada año, ella inquiere a sus alumnos acerca de cuánto esperan y merecen ganar cinco años después de graduarse. "Llevo siete años haciéndolo", dijo, "y cada vez obtengo respuestas muy diferentes de hombres y mujeres. Ellos *esperan* ganar mucho más que ellas, y en cuanto a lo que creen *merecer* ganar también hay diferencias enormes." En promedio, dice, los hombres creen merecer ochenta mil dólares al año y las mujeres sesenta y cuatro mil, una diferencia de dieciséis mil.

Como reporteras, a nosotras nos entusiasma siempre topar con datos precisos, pero esa cifra nos consternó. Piensa en ella un minuto. El verdadero significado de los hallazgos de Davidson es que las mujeres creen ser veinte por ciento menos valiosas que los hombres.

Un estudio más meticuloso de los psicólogos David Dunning y Joyce Ehrlinger de las universidades de Cornell y Washington, respectivamente, se centró en el inquietante asunto de la seguridad femenina versus la capacidad. En ese entonces, Dunning y un colega de Cornell, Justin Kruger, acababan de concluir su influyente trabajo sobre el llamado *efecto Dunning-Kruger*, la tendencia de algunas personas a sobreestimar sustancialmente sus aptitudes. (Cuanto menos competentes son, más sobrevaloran su aptitud. Piénsalo un minuto; por extraño que parezca, tiene sentido.)[6]

Dunning y Ehrlinger querían centrarse en las mujeres y en el efecto que tiene en su seguridad sus ideas preconcebidas sobre su aptitud.[7] Así, aplicaron a alumnas y alumnos universitarios un conocido cuestionario sobre razonamiento científico. Antes, unos y otras calificaron su habilidad científica. "Queríamos saber si su percepción general de '¿Soy bueno en ciencias?' determina su impresión de algo distinto: '¿Respondí bien a esta pregunta?'", señaló Ehrlinger. Las mujeres calificaron su habilidad científica más negativamente que los hombres; en una escala de 1 a 10, se asignaron 6.5 en promedio; ellos 7.6. Al evaluar lo bien que habían contestado, ellas se asignaron 5.8 y ellos 7.1. ¿Y cuál fue el verdadero resultado? El promedio de unos y otras fue casi igual: 7.5 el de las mujeres y 7.9 el de los hombres.

En una etapa final, para establecer el efecto real de la autopercepción, se invitó a todos los estudiantes, que aún no sabían cómo les había ido en la prueba, a participar en un concurso de ciencias en el que habría premios. Las mujeres rechazaron esa oportunidad en mayor medida que los hombres: sólo cuarenta y nueve por ciento se inscribió al concurso, contra setenta y uno de ellos.

"Eso nos dio una aproximación de si las mujeres tienden a buscar ciertas oportunidades", dijo Ehrlinger. "Como, en general, confiaban menos en su aptitud, fueron menos seguras al ejecutar una tarea y se resistieron por tanto a perseguir oportunidades futuras." En otras palabras, ése resultó ser un ejemplo concreto de los efectos reales de la falta de seguridad.

Estos datos confirman algo que ya sabemos instintivamente. Otro ejemplo: sabemos que las mujeres tienden a hablar menos cuando se encuentran en desventaja numérica. Llegamos a una reunión, estudiamos la disposición de los asientos y optamos por sentarnos en la última fila. Solemos guardar nuestras ideas para nosotras mismas, pues decidimos que no son tan impresionantes. Y nos enfadamos cuando el colega de junto se luce diciendo lo mismo que se nos había ocurrido a nosotras.

Un equipo de investigadores de Princeton se propuso medir cuánto menos hablan las mujeres. Hombres y mujeres fueron puestos a resolver un problema presupuestal. Se descubrió así que, en algunos casos, al estar en minoría las mujeres hablan setenta y cinco por ciento menos que los hombres.[8] ¿Es que acaso creemos menos valiosas nuestras palabras? ¿Igualmente valiosas, pero carecemos del valor de soltarlas? Sea como fuere, nos malbaratamos. La cuestión es que, cuando está en una sala con mayoría femenina, un hombre habla tanto como siempre.

"Es muy frustrante que acostumbremos guardar silencio", dice Virginia Shore, curadora en jefe de la Office of Art in Embassies del Departamento de Estado de Estados Unidos y destacada experta en arte contemporáneo internacional. "Yo me concibo como una mujer segura. En la oficina soy una guerrera y me manejo muy bien en el mundo del arte. Pero cuando voy a las juntas semanales en el Departamento de Estado la situación cambia radicalmente. Los hombres predominan en la mesa; hay unos treinta, y unas cuantas mujeres." Shore pareció aliviada al saber que las investigaciones demuestran que reuniones como ésas ocurren en todas partes.

Brenda Major, psicóloga social de la University of California en Santa Bárbara, comenzó a estudiar hace décadas el problema de la autopercepción.[9] "En mis primeros días como profesora hacía mucho trabajo sobre género y elaboré una prueba para interrogar a hombres y mujeres acerca de cómo creían que les iría en diversas tareas o exámenes." Descubrió así que los hombres sobreestimaban sistemáticamente su aptitud y desempeño subsecuente, y que las mujeres subestimaban ambos. El desempeño real no difería en calidad.

"Éste es uno de los hallazgos más sistemáticos que es posible obtener", dice Major acerca de dicha prueba. Aún hoy, cuando refiere a sus alumnos un estudio con resultados sumamente predecibles, alude a éste.

Al otro lado de ese país, lo mismo sucede a diario en el aula de Victoria Brescoll en la School of Management de Yale. A los estudiantes de maestría en administración de empresas se les prepara específicamente para proyectar la seguridad que hoy demanda el mundo de los negocios.

Y aunque el rendimiento de los estudiantes de Brescoll indica que todos son brillantes, a ella le asombra descubrir que sus alumnas no creen en sí mismas.

"Suelen juzgar como natural que no van a conseguir un empleo prestigioso, así que no se molestan en intentarlo", explicó. "O no creen ser del todo competentes en su área, de modo que para qué esmerarse."

Lo que ocurre a menudo es que descartan opciones. "Terminan en campos menos competitivos, como recursos humanos o mercadotecnia, no en finanzas, banca de inversión o puestos docentes de alto rango", nos dijo Brescoll, quien, como tantas otras de nuestras expertas, solía sufrir ese mismo síndrome, hasta que aprendió a combatirlo.

"Siempre tenía que cerciorarme en extremo de mi capacidad", admitió. "Creía estar en desventaja si no publicaba más artículos que mis colegas en revistas prestigiosas. Al mismo tiempo, sin embargo, suponía automáticamente que mi trabajo no era digno de aparecer en una publicación de excelencia, que yo tenía que apuntar más abajo."

¿Y los hombres?

"¡Vaya!", exclama riendo. "Ellos lo acometen todo con base en el supuesto de que son magníficos, y pensando: '¿Quién podría no quererme?'."

¿Qué piensan los hombres en verdad?

En gran medida, como bien dice Brescoll, que son magníficos y "¿Quién podría no quererme?". La mayoría de los que entrevistamos, aparte de nuestros colegas y amigos, afirmaron dedicar menos tiempo a pensar en las posibles consecuencias de un fracaso.

David Rodriguez, vicepresidente de recursos humanos de Marriott, es desde hace años nuestro gurú de cabecera en temas administrativos. En su trabajo, tiene que hablar mucho en público, y le encanta. Cuando sube al estrado, los hoyuelos de sus mejillas suavizan su uniforme corporativo (traje oscuro, corbata ejecutiva). Dice ser entonces insensible a la crítica. Que no se pone a cuestionar si lo que dice está bien o no, o si dijo mal algo. Se dice a sí mismo que lucirá en la presentación, será ingenioso e impresionará a sus superiores. "Simplemente me paro y actúo", dijo. "El truco es no pensar demasiado." Y si las cosas marchan mal, hace caso omiso de eso. "No me obsesiono; lo hecho, hecho está." Nosotras descubrimos la misma actitud en la mayoría de los hombres con que hablamos. Aun si por naturaleza no son empleados de alto rendimiento, enfrentan sus desafíos con menos lastre.

¿Dudan a veces de sí mismos? ¡Claro! Pero no examinan tan minuciosamente esas dudas, ni permiten que los detengan tanto como a las mujeres.

Si algo, los hombres se inclinan al exceso de confianza. A las autoras nos sorprendió saber que, en la mayoría de los casos, llegan honestamente a ese estado. No se *proponen* engañar a nadie. La Columbia Business School tiene incluso un término para eso, "exceso de confianza honesto", y ha descubierto que, en promedio, los hombres califican su desempeño treinta por ciento arriba de su nivel genuino.[10]

Cuando nosotras planteamos la noción de la brecha de la seguridad a varios supervisores de mujeres, obtuvimos como respuesta una frustración enorme. Aunque ellos están convencidos de que lo que frena a las mujeres es su falta de seguridad, temen decirlo y parecer sexistas. La mayoría de ellos no experimenta nuestra falta de seguridad, no la comprende y no sabe cómo hablar de ella.

Un socio de alto rango de un bufete jurídico nos contó el caso de una joven asociada que sobresalía en todo, salvo que no hablaba en las reuniones con el cliente. Él suponía que ella no era lo bastante segura para manejar esa cuenta, pero no sabía cómo plantear el problema sin parecer ofensivo. Al final llegó a la conclusión de que la seguridad debía formar parte del proceso de evaluación del desempeño, porque es un aspecto de gran importancia en los negocios.

David Rodriguez coincide en que, expresada o no, y aun en formas muy sutiles, la seguridad puede determinar un ascenso. No percibe una falta de seguridad obvia entre las altas ejecutivas con que trata, porque las de su organización están más que ciertas de sus aptitudes. Pero, a veces, en ellas hay algo que él llama "vacilación". "Es muy probable que vacilen en momentos clave", sugirió. "Creo que lo que ocurre es que no siempre saben qué criterio se utilizará para juzgar su conducta y temen hacer algo mal. Si luego les pregunto: '¿Qué te pasó en la presentación? Parecías no saber por dónde continuar'", ellas me dicen: 'No sentía la reacción de la audiencia. No podía decidir si seguir por la derecha o por la izquierda'."

Vacilación. Eso es temor al fracaso, tal vez, o deseo de hacer perfectamente las cosas. Quizá sea producto de hábitos formados durante décadas como alumnas destacadas. Aunque también, como dice Rodriguez, podría ser la sensación —usualmente certera— de que se nos juzga con un criterio confuso y cambiante. O el cerebro femenino en acción, que evalúa pormenorizadamente la emoción en la sala. Sea cual fuere la causa, la vacilación tiene consecuencias. Rodriguez afirma que puede influir en la decisión de qué ideas adoptar, o incluso en la de a quién conceder un ascenso.

La carga de ser mujer es tan onerosa que cuando, antes de una prueba de matemáticas, se nos pide mencionar nuestro género, automáticamente nos desempeñamos peor. Los resultados de un experimento en particular nos dejaron heladas. Para explorar el impacto de la llamada "amenaza de estereotipos", la Harvard University aplicó a un grupo de cuarenta y seis talentosas alumnas asiático-estadunidenses uno de tres cuestionarios, calibrado cada cual en asociación con estereotipos diferentes.[11] Uno de ellos enfatizaba el de que los asiáticos son buenos en matemáticas, y el segundo el de que las mujeres son malas en matemáticas, mientras que el tercero, administrado al grupo de control, era neutral, sin énfasis en estereotipo alguno. Tras contestar el cuestionario, todas presentaron un difícil examen de matemáticas. Aquéllas a las que se les recordó su ascendencia asiática respondieron correctamente a cincuenta y cuatro por ciento de las preguntas, las del grupo de control a cuarenta y nueve y aquellas a las que se les recordó su género a cuarenta y tres por ciento, el promedio más bajo.

Sin embargo, no es preciso que se nos haga saber que somos malas en matemáticas para que nos estereotipemos e invalidemos más severamente. En Hewlett-Packard se efectuó un estudio para saber cómo llevar más mujeres a la alta dirección.[12] Estas cifras lo dicen todo: las empleadas de HP sólo piden un ascenso cuando creen satisfacer cien por ciento de los requisitos; los empleados lo hacen cuando creen satisfacer sesenta por ciento. Así, en esencia, las mujeres sólo nos sentimos seguras cuando somos perfectas, o casi.

Subcalificados o subpreparados, los hombres no lo piensan dos veces y se lanzan al ruedo. Sobrecalificadas y sobrepreparadas, demasiadas mujeres siguen conteniéndose. Y la brecha de la seguridad es un cristal adicional para considerar *por qué* no son arrojadas. Aun si estamos dispuestas a tolerar el trastorno personal de apuntar alto, y aun si tenemos mucha ambición, fundamentalmente dudamos de nosotras mismas.

Un secreto aún más vergonzoso

Los oscuros puntos de desconfianza que ocultamos, y hasta procuramos, deben ser vencidos. La seguridad no es ya el acto complementario; es el hecho central.

Por más que queramos creer que trabajar duro, centrarnos en cada detalle y hacerlo todo a la perfección son los ingredientes básicos de una trayectoria profesional brillante, o que el exceso de confianza produce resultados ruinosos, las más de las veces lo contrario es lo cierto.

Cameron Anderson, psicólogo de la escuela de administración de la University of California en Berkeley, ha dedicado su carrera a estudiar el exceso de confianza. En 2009 decidió hacer pruebas para comparar el valor relativo de la seguridad y la capacidad.[13]

En forma novedosa, proporcionó a un grupo de doscientos cuarenta y dos estudiantes una lista de nombres y acontecimientos históricos y les pidió marcar los que conocían. Entre tales nombres había falsificaciones muy bien disimuladas: una reina Shaddock, lo mismo que un tal Galileo Lovano, así como el suceso "el último viaje de Murphy". Anderson detectó un vínculo entre el número de falsificaciones marcadas por un alumno y lo demasiado seguro que era. (El mero hecho de que seleccionara falsificaciones en vez de no marcarlas indicaba no sólo que era menos capaz, sino también que creía saber más de lo que en realidad sabía.) Al final del semestre, encuestó al mismo grupo. Los alumnos que habían seleccionado el mayor número de falsificaciones resultaron ser también los que gozaban de más prestigio social, que Anderson define como el respeto, distinción e influencia de que un individuo disfruta a ojos de otros. Aplicado al medio laboral, dice, más prestigio significa que eres más admirado, escuchado y considerado en las discusiones y decisiones de tu organización. Así, pese a que aquéllos eran los estudiantes menos competentes, acabaron siendo los más respetados y con mayor influencia en sus compañeros.

Estos hallazgos derriban numerosos supuestos, y en cierto sentido son desalentadores. ¿La seguridad es más importante que la capacidad? Renuentes a creerlo, exigimos a Anderson teorías alternas, aunque en el fondo sabíamos que llevábamos años viendo ese mismo fenómeno. En una organización particular, de la sala de juntas a la sociedad de padres de familia, algunos individuos tienden a ser más admirados y escuchados que otros. Son aquellos que en las reuniones dirigen el debate y suelen dictar el resultado. Sus ideas pasan al nivel siguiente. No son necesariamente los más competentes; son sólo los más seguros.

Más inquietante para las mujeres que suponen que la competencia es la clave del éxito es la insistencia de Anderson en que la aptitud apenas si importa. "Cuando la gente es segura, cuando cree ser buena en algo, más allá de que lo sea en realidad, exhibe una variada conducta no verbal y verbal", explicó. Enumeró su lenguaje corporal expansivo, su bajo tono de voz y la tendencia a hablar pronto, a menudo en forma tranquila y relajada. "Esa gente hace muchas cosas que a los demás les dan la impresión de seguridad", añadió. "Que sea capaz o no es prácticamente irrelevante."

Lo que influye en la gente es la seguridad. Aunque no nos demos cuenta, todos concedemos a la seguridad un peso extraordinario y respetamos a quienes la proyectan. Anderson está convencido de que esto explica por qué personas poco competentes suelen ser ascendidas por encima de colegas capaces. Y por exasperante que esto sea, dicha falta de competencia no tiene necesariamente consecuencias negativas. (Todo esto da cuenta en gran medida de nuestra preparatoria.) Entre los alumnos de Anderson, la seguridad sin capacidad no tuvo efectos negativos. Simplemente eran admirados por el resto del grupo, que les concedía alto prestigio social. "Las personas más seguras eran las más queridas", dijo. "Su exceso de confianza no se entendía como narcisismo."

Este punto es crítico. Aunque el exceso de confianza también puede interpretarse como arrogancia o fanfarronería, Anderson cree que la razón de que los estudiantes más seguros no hayan perdido el apoyo de sus compañeros es que, como los de la Columbia Business School, *no falseaban su seguridad*. Estaban convencidos de ser capaces y transmitían esa creencia. La seguridad falsa, nos dijo, no opera del mismo modo, porque vemos el truco. Por más presunción de que haga gala, cuando la gente en realidad no cree ser capaz, lo captamos en su mirada inquieta, voz alta y otras evidencias. Aunque no siempre estemos conscientes de eso, la mayoría tenemos un excelente radar de mentiras y podemos detectar la seguridad falsa a un kilómetro de distancia.

Las autoras nos preguntamos, quizá vengativamente, si Anderson creía que las personas demasiado seguras son tontas. ¿Saben que su seguridad aventaja a su aptitud? Quizá sean menos inteligentes, concedió él, pero dijo haberse concentrado en un monto de exceso de confianza relativamente modesto. Aun un piloto popular debe poder aterrizar un avión. Si la brecha entre seguridad y capacidad aumenta demasiado, el exceso de confianza se convierte en una debilidad y un problema, aunque la mayoría de las mujeres no deben preocuparse por él.

Una vez superada nuestra sensación de que el trabajo de Anderson sugiere un mundo extremadamente injusto, pudimos ver una lección útil en él: durante décadas, las mujeres no hemos entendido una importante ley de la jungla profesional. El talento no se reduce a mera capacidad; también es seguridad. Debes tener seguridad para ser buena en tu trabajo.

El zen del asunto

Cuando no somos seguras, no triunfamos como deberíamos. Tampoco podemos imaginar qué somos capaces de hacer, los niveles que podríamos alcanzar o la satisfacción que podríamos tener. No podemos contribuir del todo a un sistema sumamente necesitado de liderazgo femenino.

Pero la seguridad proporciona mucho más que eso. Tiende a etiquetársele injustamente como una cualidad extravagante que se restringe a capacidad y éxito externos, pero nosotras descubrimos que ejerce un efecto mucho más amplio. Los especialistas han acabado por verla como un elemento esencial del bienestar interior y la felicidad, indispensable para una vida plena. Sin ella, tú no puedes alcanzar el flujo, el estado casi eufórico que el psicólogo Mihaly Csikszentmihalyi describe como una concentración perfecta, la sincronía entre tus habilidades y tu tarea.[14] El flujo nos coloca en la zona atlética; es un estado de maestría imposible de alcanzar sin seguridad.

Un centro de meditación budista nos brindaría un grato momento de calma luego de las ruidosas y desconcertantes exploraciones en estadios deportivos, escuelas militares y aulas universitarias. Queríamos saber qué podía hacer la seguridad por nosotras como personas, como animales sociales, más allá de ganar partidos y puntos con el jefe, y esperábamos poder descubrirlo en una esfera más espiritual.

Sharon Salzberg, distinguida experta en budismo, autora de best sellers como *Real Happiness at Work* (La verdadera felicidad en acción) y amiga de una amiga nuestra, dirigía en la ciudad una sesión de meditación. La hallamos en el último piso de un edificio de cinco sin elevador, en una sala con revestimientos de madera llena de calor y luz, predicando las virtudes de la ecuanimidad. Tres docenas de atentísimos discípulos llenaban el recinto, lo que nos inspiró rápidamente a dejar de lado, por una hora, todas nuestras arduas preguntas y a relajarnos.

Cuando, más tarde, Salzberg abordó nuestro tema, oímos algo que nos cayó de maravilla. "Creo que la seguridad es la forma en que hacemos frente a nuestras circunstancias, sean grandiosas y extraordinarias o duras y difíciles", explicó, sonriendo serenamente. "Es una especie de entusiasmo en el que no nos contenemos. No estamos fragmentados. No estamos divididos. Nos enfilamos a los hechos y hay energía en ello. Creo que la seguridad es esto. Y que sin duda forma parte de la realización humana." La idea de la seguridad como una energía esencial, elemental, nos cautivó. Daba otro giro al concepto, pero un giro conveniente. Vimos entonces que ya empezábamos a reunir descripciones afines, aunque diversas: "pureza de acción", "entusiasmo", "energía". Esto parecía dirigirnos a una pregunta básica: ¿qué es exactamente la seguridad? Conjeturamos entonces que, antes que dedicar más tiempo a tratar de verla en acción, examinar su origen o preguntar por qué las mujeres la poseemos en tan bajo grado, era preferible que diéramos a la seguridad una definición formal.

2 Haz más, piensa menos

Igual que nosotras, el neurocientífico Adam Kepecs está en busca de la seguridad. Pero a diferencia de nosotras, prefiere perseguirla entre pequeños roedores peludos. Las ratas, dice él, son menos complicadas que las personas. No ocultan sus instintos básicos bajo enmarañadas capas de ideas y emociones. La gente te dirá que es segura cuando por dentro es un manojo de nervios. O te dirá que se siente insegura, mientras que sus actos sugieren audacia. Como sujetos de investigación, Kepecs cree que los individuos son insatisfactorios.

Él intenta llegar a una noción básica de la seguridad: la "confianza estadística" o, en palabras sencillas, el grado en que creemos que una decisión que hemos tomado es atinada. Sus innovadores estudios han llamado la atención de los psicólogos porque proponen que la seguridad es una cualidad que todas las especies poseen.[1] ¿Quién iba a decir que también las ratas pueden ser seguras?

A nosotras nos intrigó el trabajo de Kepecs y esperábamos que lo que él explora en las ratas nos ayudara a entender qué constituye la seguridad básica en los seres humanos. La toma segura de decisiones por las ratas, cree él, tiene muchas semejanzas con la humana.

"Imaginen", nos dijo, "que se dirigen a un restaurante que no conocen. Recibieron las indicaciones y, siguiéndolas, dan una vuelta. Avanzan un kilómetro, y luego otro, pero nada de restaurante. En algún momento piensan: 'Ya tendría que haber llegado. ¿Di la vuelta donde no debía?'. Que persistan y sigan conduciendo dependerá de lo seguras que estén de haber dado la vuelta en el lugar correcto." Es esa pieza de "persistan" lo que Kepecs mide en la conducta de las ratas, pieza que insinúa que la seguridad a secas es un factor básico.

¿Qué es en estricto sentido la seguridad en uno mismo? Bueno, ciertamente no es lo que pensamos que era cuando iniciamos nuestra investigación para escribir este libro.

La seguridad no es, como creíamos, sentirte bien contigo mismo; decirte que eres fabuloso y perfecto y que puedes hacer lo que te plazca. Lo cierto es que esta manera de pensar no da resultado, ¿verdad? Decir: "Puedo hacer tal cosa" no significa que lo creas, o que efectivamente puedas. Si así fuera, no habría psicoterapeutas. Y tampoco sirve de nada que alguien te diga que eres maravilloso. Si lo único que necesitáramos fuera que se nos dieran seguridades o una palmada en la espalda, todos seríamos productivos, esbeltos y amables con nuestros suegros, y ocuparíamos la mejor oficina en nuestro trabajo.

Nosotras creíamos igualmente que la seguridad era un conjunto de modales y una expresión de poder. Todo indica que el más seguro es el que habla más fuerte y más seguido. El amigo que cree siempre estar en lo correcto, o el colega que predomina en todas las reuniones. ¿Las personas más seguras no son sencillamente aquellas que, bueno, parecen muy seguras de sí mismas?

Como contábamos con que Kepecs nos ayudaría, fuimos a verlo al Cold Spring Harbor Laboratory, un lugar deslumbrante en Long Island, junto al mar, cuarenta y cinco minutos al este de Manhattan.

Colgando sobre nuestras cabezas mientras hacíamos el sinuoso ascenso a su oficina se hallaba una inmensa escultura de cristal de Dale Chihuly, un obsequio para el pionero del ADN James Watson, quien hizo de este centro de investigación uno de los mejores del mundo. Aquella espiral de luminosos tentáculos verdes y amarillos coronada con burbujas de diversos tamaños y formas exigía un momento de contemplación. Demasiado artificiosa, comentamos. Kepecs, hombre de aspecto juvenil de treinta y nueve años de edad enfundado en unos pantalones de mezclilla, con rizos oscuros y leve acento húngaro, nos explicó jocosamente que, en realidad, esa escultura es una oda a la forma de las neuronas. ¡Naturalmente!

Durante las horas posteriores, él fue nuestro generoso traductor de este mundo desconocido, ayudándonos a buscar asociaciones entre sus roedores y el código humano de la seguridad.

Vimos a Kepecs meter una rata en una caja grande. Llevaba puesto lo que consiste esencialmente en un sombrero blanco con un juego de electrodos. Fijado quirúrgicamente, Kepecs afirmó que sus ratas no lo sienten ya. De un lado de la caja, a la altura de la nariz de la rata, pendían tres recipientes, o puertos, blancos, de cinco centímetros de ancho. El de en medio despedía olores. La rata metía la nariz en él y aspiraba una mezcla de dos aromas. Ésta variaba en cuanto a sus porcentajes; a veces el olor más fuerte era inconfundible, otras, resultaba difícil identificar la combinación. La rata debía deducir el olor predominante y meter después la nariz en el puerto de la izquierda o la derecha para indicar su decisión. Si acertaba, explicó Kepecs, eligiendo el puerto correcto, obtenía como premio una gota de agua. Pero estaba obligada a esperarla. Si estaba segura de su decisión, aguardaba cuanto fuera necesario el arribo del agua. Si dudaba, podía renunciar a la gota e iniciar una nueva ronda. Pero renunciar significaba perder no sólo la oportunidad de beber, sino también todo el tiempo invertido en esperar a hacerlo. La rata enfrenta un auténtico dilema, una conocida disyuntiva básica que, resulta, comparte con otras especies. Nosotras vimos a nuestra rata meter la nariz a la izquierda y esperar… ocho interminables segundos. Ésta es una espera larga para una rata, así que la nuestra hizo gala de seguridad. ¿Estaría justificada al cabo?

¡Bravo! Cuando la gota se materializó, nosotras intercambiamos una sonrisa. Kepecs nos pidió no hacernos ilusiones sobre lo "listas" que son esas criaturas peludas. Las ratas de este experimento habían hecho ese ejercicio en incontables ocasiones y eran muy buenas para saber qué olor correspondía al puerto izquierdo o al derecho. Recuerda que a Kepecs no le interesaba *si* las ratas tomaban la decisión correcta. Mide *la firmeza con que creen* haber tomado la decisión correcta. Ésa es la seguridad que quiere identificar: cuánto cree una rata en su decisión. En su acto de espera, ella demuestra esa seguridad, que se mide luego según el tiempo que está dispuesta a aferrarse a ella, so riesgo de fracaso, a la espera de la gota. A nosotras nos asombró que, al parecer, estos roedores pudieran hacer no sólo un cálculo de probabilidades, sino que, en esencia, también estuvieran dispuestos a apostar después por su decisión.

Hay algo elemental en esta expresión de seguridad. Las ratas hacen una predicción informada, casi robótica en su ejecución. También el cerebro humano pueden actuar a veces en forma prácticamente robótica. Cada día tomamos de manera casi inconsciente cientos de decisiones que requieren seguridad básica: cuán rápido estirar la mano para apretar el botón de repetición del despertador, cuánto inclinarse para cargar la lavadora de trastes. Kepecs ha ubicado con exactitud la parte del cerebro que las ratas usan para tomar esas decisiones, la corteza orbitofrontal, y cree que la confianza estadística de los humanos se sitúa en esa misma región.

Lo que vimos en el laboratorio de Kepecs en Cold Spring Harbor afinó nuestra noción de la seguridad. Para empezar, y de creer en las ratas, la seguridad no es un mero rasgo de la conducta agresiva o del exclusivo deseo de sentirse bien con uno mismo. La seguridad de una rata podría describirse en términos amplios como creer que puede obtener un resultado exitoso (gotas de agua) mediante la acción (espera). Nosotras vimos en ello un indicio de eficacia personal. Se trata de una cadena de sucesos que, como pudimos comprobar, comienza con ese básico, quizá inconsciente, cálculo de seguridad, que más tarde anima el resto de la acción.

Kepecs nos brindó una visión más profunda de la seguridad, aplicable tanto a las ratas como a los seres humanos. En su opinión, la seguridad posee una doble naturaleza distintiva, o enseña "dos caras". Una de ellas es objetiva: el proceso de cálculo básico, herramienta crítica de la seguridad que vimos emplear a las ratas. La otra, nos dijo Kepecs, es subjetiva: la seguridad es también algo que experimentamos como sensación. Ésta es la seguridad con la que estamos más familiarizados y a la que dedicamos tanto tiempo, al menos conscientemente. Es el elemento emocional, cuya seductora promesa y naturaleza ilusoria no cesan de hacernos tropezar. Kepecs cree que también las ratas *sienten* seguridad de alguna manera.

En medio de esa sesión fascinante e ilustrativa, se nos ocurrió que las mujeres bien haríamos en dedicar algo más de tiempo a familiarizarnos con la tesis de Kepecs, o con cualquier otra interpretación de la seguridad poco conocida y glamurosa pero práctica. Tal vez la seguridad no sea tan misteriosa, refinada y perversamente aspiracional como se cree. Qué refrescante verla, al menos en parte, como una herramienta concreta y simple: una brújula sumamente útil, quizá, si sólo supiéramos emplearla.

Procedimos a cuestionarnos entonces, naturalmente, si daríamos la talla. ¿Éramos al menos tan seguras como las ratas? Preguntamos al siempre paciente doctor Kepecs si podía medir de algún modo nuestra confianza objetiva básica sin implantarnos electrodos con métodos quirúrgicos ni obligarnos a inhalar un montón de olores de dudoso buen gusto. Kepecs ya había aplicado a estudiantes exámenes similares utilizando juegos en computadora. Esto nos pareció apropiado. Pero mientras probábamos retos diversos y desconocidos en una pantalla, nos sorprendió sentir ansiedad extrema por nuestro desempeño. Pronto supimos que habíamos obtenido muy buenos resultados, tanto en confianza estadística (medida mediante la tardanza en calificar nuestra seguridad en cada respuesta) como en precisión real. Pero justo antes de saberlo, intercambiamos impresiones, nos confesamos nuestros nervios y predijimos muy en serio que reprobaríamos. ¡Vaya!

Era nuestra distorsionada versión de la conocida paradoja. Y nos fue muy difícil creer que hubiéramos incurrido en ella. Habíamos leído numerosas investigaciones sobre mujeres que dudan y subestiman su desempeño en pruebas, pero seguíamos sin poder evitarlo por completo. Nos habíamos desempeñado bien, no sólo respondiendo correctamente a las preguntas, sino también reportando altos niveles de seguridad en nuestras respuestas, pese a lo que continuábamos experimentando una desconfianza palpable de nosotras mismas y suponiendo que nos iría mal. ¿Por qué? Tal vez, especulamos, la programación de la seguridad subjetiva y objetiva femenina está demasiado entrecruzada. Nos preguntamos asimismo si este desconcertante patrón de conducta se restringe a las mujeres.

Nos perdíamos ya en lo psicológico, filosófico y esotérico, con incontables preguntas alusivas a los seres humanos, cuando Kepecs nos recordó que la comparación rata/ser humano tiene sus límites. La seguridad es visiblemente más laberíntica en el caso de seres dotados de pensamiento abstracto de orden superior. Las ratas, por ejemplo, no rumian sus actos, no los cuestionan *a posteriori* ni se paralizan de indecisión e insomnio. Y tampoco parecen sufrir una brecha de seguridad condicionada por su género. Kepecs y su influyente labor sólo podían explicarnos algunas cosas. Era momento de examinar la seguridad fuera del laboratorio.

En descampado

Un día en que el alumnado de Georgetown disfrutaba al aire libre de un sol cálido impropio de la estación, nosotras hallamos encerrada en un aula a una docena de muchachas que aprendían a dirigir una campaña política. Estaban ahí gracias a la organización no lucrativa Running Start, establecida para capacitar a universitarias a fin de que puedan contender por cargos públicos. Elegantemente vestidas, aquellas estudiantes no eran propiamente tímidas, sino más bien serias y calladas. Cuando llegamos, estaban divididas en grupos de tres o cuatro, hablando de sus motivaciones para competir por cargos universitarios.

A una le disgustaba que no se vendieran condones en el campus; a otra, que no hubiese *kits* por emplear en caso de violación. A otra más le preocupaba el uso que se hacía de los donativos que la universidad recibía, y a otra cómo se asignaban los puestos de investigación. Una moderadora de Running Start, Katie Shorey, dirigía el debate, guiando sutilmente las conversaciones diversas: "Si tú contendieras por un cargo, ¿de qué hablarías y qué tratarías de cambiar? ¿Cuánto te apasiona este asunto?".

Esas jóvenes querían cambiar el mundo y aspiraban a competir por cargos políticos. Se contaban entre las mejores y más brillantes, o de lo contrario no habrían estado en Georgetown. Nosotras nos sumamos a su grupo ese día con la esperanza de conocer a algunas de las jóvenes más seguras del país, con objeto de que nos ayudaran a definir la seguridad.

De inmediato nos llamó la atención que fueran tan corteses y consideradas. No se precipitaban a hablar; primero levantaban la mano y preguntaban: "¿Puedo añadir algo?", o "¿Se me permite hacer una sugerencia?". No pudimos dejar de pensar en lo diferente que habría sido un grupo de hombres. ¿Pedirían permiso para tomar la palabra? Serían sin duda más ruidosos y asertivos y se mostrarían más ansiosos de confirmar que sus opiniones fueran escuchadas. Desatenderían los buenos modales y sus rudas interrupciones resultarían irritantes (al menos para las mujeres), pero sospechábamos que su diálogo habría sido menos cauteloso. No por vez primera, nos preguntamos por el punto de inflexión entre asertividad e idiotez. Para decirlo llanamente: ¿es forzoso ser imbécil para ser seguro?

Una vez que las jóvenes volvieron a formar un solo corrillo, planteamos una pregunta a ese grupo de diligentes estudiantes de excelencia: ¿quiénes de ellas sentían suficiente seguridad en ese momento para contender por un cargo estudiantil? Ninguna alzó la mano. Preguntamos entonces: ¿qué las ponía nerviosas? En sus respuestas, estas alumnas de Georgetown pintaron un vívido cuadro de todo lo que *no* es la seguridad.

"Contender por un puesto implica presunción. Y asumirla es difícil, porque la gente podría considerarnos agresivas."

"Si pierdo, será culpa mía, porque quiere decir que no gusto."

"Yo interiorizo los reveses. El otro día, un profesor criticó uno de mis trabajos. Al compañero con quien lo hice le valió un comino; no pareció molestarse. Yo tardé semanas en superar el incidente."

"Competí por un cargo en la preparatoria al lado de un compañero y ganamos. Yo era la tímida y él el seguro, pero yo hice todo. Al año siguiente contendimos entre nosotros y perdí. Sé que yo era la más competente. Hice cuanto debía. Fue un duro golpe."

"Si una mujer es asertiva y ambiciosa, se le juzga una arpía. Pero en un hombre esas cualidades son normales."

"Antes de llegar aquí estudié en escuelas de puras mujeres. Era muy alentador que todas las que levantaban la mano para preguntar fueran mujeres. Eso era lo normal. Aquí vi que las mujeres no hablan en clase y, peor aún, empecé a imitarlas. Alzaba poco la mano y me autocensuraba más, con el único fin de adaptarme."

Después de las simples ratas, esta conversación resultó un chasco. Comprobamos nuevamente que la vacilación es una grave pérdida de talento y energía. Se lo dijimos a Jessica Grounds, cofundadora de Running Start, recién incorporada al entusiasta comité de acción política Ready for Hillary, para encargarse de su promoción entre mujeres. Ella nos contó que, luego de muchos años, su equipo había concluido que lo que más necesitan jóvenes ambiciosas como éstas no es un manual de campañas políticas, sino formación básica en seguridad. Son talentosas; lo que les falta es creer en sí mismas, sin lo cual no podrán convertir en *acción* su *deseo* de contender. Si no se arriesgan, se inmovilizarán, dando vueltas a su frustración en su cabeza como las ratas de Adam Kepecs en una rueda de andar. No decimos esto con afán de ofender, sino porque reconocemos que muchas ansiedades de esas jóvenes resonaron personalmente en nosotras.

Ambas pasamos buena parte de nuestra veintena y treintena varadas en la desconfianza, y seguimos dedicando demasiado tiempo a interiorizar reveses. No hace mucho, tras pronunciar un aclamado discurso, Claire pasó una hora preguntándose por qué dos mujeres, en una sala de más de cien, habían parecido aburrirse. En bien de su cordura y felicidad, las jóvenes deben encontrar ya la manera de interrumpir esa negativa banda sonora, más pronto, esperamos, que lo que nosotras tardamos en hallarla.

Seguridad de cinco estrellas

Un exceso de burocracia y formalidad acompaña a una visita a una de las mujeres de más alto rango en el ejército estadunidense: múltiples controles de seguridad, incontables escoltas a través de una matriz de corredores interminables, tapiados con cuadros vehementes de batallas trascendentales e imponentes retratos de generales y almirantes (casi ninguna generala) abundantemente condecorados y de maxilar trabado. Después está ese cargo larguísimo: subsecretaria de Defensa para el Personal y Estado de Alerta. Cuando al fin llegamos hasta la generala de división Jessica Wright, en oficinas ocultas en el centro mismo del Pentágono, ella se mostró sorprendentemente agradable, lo que no esperábamos. Aunque la decoración de su despacho es prediciblemente masculina —butacas de cuero y mesas de caoba—, Wright era justo lo contrario. Podía ser una mandamás, pero dotada de sentido práctico, como lo demostró al conducirnos a un sofá y hacernos sentir cómodas con unas cuantas preguntas.

Los ojos de la generala eran brillantes e inquisitivos, y ponía esmero en escuchar con atención. En Wright no había trazas de asertividad agresiva ni condescendencia. Era resueltamente femenina, siguiendo sin duda uno de los diez consejos del liderazgo que comparte con otras mujeres: no dejes de peinarte y manicurarte a tu gusto. Trabajar en un mundo de hombres, dijo Wright entre risas, no significa que tengas que parecerte a ellos. Esto nos gustó. Ella no refrenaba su personalidad para encajar en un molde; tenía el empuje necesario para mantenerse fiel a sí misma. Atreverse a osadías de mujeres como manicuras y celebraciones en su calidad de generala del ejército más poderoso en la historia del mundo nos pareció un rasgo inocultable de seguridad.

Otra cosa que nos gustó mucho del estilo de confianza de Wright en sí misma: estaba dispuesta a reconocer sus nervios, pero sin permitir que le impidieran ir en pos de sus metas y ambiciones. Nos contó que cuando asumió el mando de una brigada de combate en 1997, la primera mujer en hacerlo, estaba tan nerviosa que apenas si podía respirar. "Mi madre me enseñó a ser estoica", dijo, sonriendo, "pero mis tripas eran entonces un revoltijo de sentimientos, confusión y ansiedad".

Conviene disipar toda impresión de que la generala Wright es una incauta dominada por la angustia. Nadie podría llegar a su puesto sin agallas. No tiene por costumbre titubear. Nos dijo que un buen líder debe ser aquel que decide de manera eficiente y que no tolera la indecisión en otros. "Cuando alguien me dice: 'No sé qué hacer', no le concedo un minuto. Porque si pido tu opinión y tú no sabes qué decir, sigo adelante. Siempre estamos montados en un tren en veloz movimiento", dijo con firmeza, lo cual nos hizo sentir que ella no es alguien a quien te gustaría defraudar.

O subestimar. Porque, bajo presión, Jessica Wright actúa, aun si se siente intimidada. Recuerda la ocasión en que, siendo una teniente flamante, un superior le dijo en seguida que no le agradaban las mujeres en el ejército. "Me pasaron quinientas cosas por la cabeza", dijo. "Yo lo miré y dije: 'Sargento Miski, tiene ahora la oportunidad de superar eso'." Sonrió con malicia mientras reíamos. "Sigo sin saber cómo pude decir eso. De verdad no lo sé."

Su réplica audaz surtió efecto. El insensato sargento acabó amistando con ella y se convirtió incluso en su mentor. Hoy en día ella resta importancia a ese primer encuentro, en el que demostró que era capaz de defenderse.

Visitamos a Wright con la esperanza de que nos ayudara a caracterizar la seguridad. Al final, ni siquiera tuvo que describírnosla, porque la exhibió claramente en su estilo, anécdotas y observaciones. Además de encerrar en grandes círculos su cita del sargento Miski, que ansiábamos apropiarnos, en nuestras libretas garabateamos *acción, audaz* y *toma decisiones*. Pero también escribimos *honesta* y *femenina*, así como *satisfecha*. La generala Wright posee las capas de complejidad emocional que no hallamos en el laboratorio de Adam Kepecs, pero ha superado el tormento de las estudiantes de Georgetown. Para nosotras, ella ya había encontrado el truco de la verdadera seguridad, que nosotras apenas comenzábamos a comprender.

Lecciones de vida en una tabla para surfear

Teníamos una teoría en ciernes y queríamos ponerla a prueba entre los expertos, los psicólogos que han hecho de este tema la labor de su vida. Comenzamos haciéndoles esta pregunta, aparentemente simple: ¿cómo definen la seguridad? Una y otra vez, topamos con una larga pausa, seguida de "Bueno, es complicado".

> "La seguridad", dijo Joyce Ehrlinger, psicóloga de la University of Washington, suspirando por contagio, "se ha convertido en un término vago, casi estándar, que puede referir a muchas cosas. Comprendo que ustedes estén confundidas."

> "La seguridad en general es una actitud, una manera de abordar el mundo", sugirió Caroline Miller, autora de best sellers y coach de psicología positiva. "Más específicamente, es una sensación de que puedes adquirir maestría en algo."

> "Una manera de concebir la seguridad", dijo Brenda Major, la psicóloga social de la University of California en Santa Bárbara, "es la confianza que tienes de poseer las habilidades que necesitas para poder hacer algo en particular."

> "Es la creencia de que puedes llevar a cabo la tarea que quieres hacer", nos dijo Christy Glass, de la Utah State University. "Es propia de un dominio; yo podría ser una oradora segura, pero no una escritora segura, por ejemplo."

Esta observación de Glass nos ayudó a entender por qué la seguridad puede parecer una cualidad tan efímera. La tenemos en ciertas circunstancias, pero no en otras. Esto explica por qué Andre Agassi, por ejemplo, podía ser un tenista tan seguro y al mismo tiempo dudar tanto de sí mismo en todo lo demás. Explica por qué tantas mujeres se sienten seguras en su vida personal pero no en su trabajo, y por qué Claire puede confiar en su don de gentes pero no en su capacidad para tomar decisiones. No piensa demasiado cuando ayuda a otros a resolver problemas, pero se le dificulta resolver los propios.

La mención de la maestría por Caroline Miller también llamó nuestra atención. En un principio recelamos y desconfiamos de ese término. Parecía innegablemente masculino y evocaba imágenes de paternalismo despótico y señorial para con súbditos. Parecía asimismo algo que nos hacía precisar de herramientas eléctricas, para no hablar de talleres de la secundaria. Pero lo que en verdad temíamos era que la maestría resultara una receta para la inagotable búsqueda de la perfección, algo a lo que las mujeres ya somos demasiado susceptibles.

Miller explicó, sin embargo, que la maestría no es nada de eso. No tiene que ver con ser el mejor tenista o la mejor mamá. Su resonancia radica en el *proceso* y el *progreso*. Tiene que ver con el trabajo y con aprender a desarrollar apetito por el desafío. Implica inevitablemente hallar obstáculos; no siempre habrás de vencerlos, pero tampoco vas a permitirles que te impidan intentarlo. Tal vez nunca llegues a ser un nadador de talla mundial, pero sí puedes aprender a cruzar un lago a nado. ¿Y el subproducto inesperado de todo el esfuerzo que inviertes en dominar ciertas cosas? Seguridad. No sólo aprendiste a hacer bien algo, también te llevas otra cosa de regalo.

Lo siguiente es invaluable: la seguridad que la maestría confiere es contagiosa. Se propaga. En realidad no importa lo que domines: para un niño podría ser algo tan simple como amarrarse un zapato. Lo importante es que dominar una cosa te da seguridad para probar otra.

Cuando Katty cumplió cuarenta años, por ejemplo, a fin de desafiar (o quizá negar) la edad madura decidió aprender a surfear. Necesitaba un reto y creía ingenuamente que si era capaz de vencerlo, pronto sería una surfista magnífica (joven) ejecutando saltos acrobáticos sobre las olas. Pero no previó cuántas veces sería arrastrada a la playa sujeta a un potente cometa de nueve metros, o cuántas caería de su tabla al agua salada, ni las lágrimas, la frustración y las maldiciones a voz en cuello. Tras el primer par de veranos, ya quería rendirse; era demasiado humillante y estaba muy adolorida. Pero persistió, y aunque la juventud y la esplendidez siguen fuera de su alcance, ya sabe surfear. Sus hijos empezaron mucho después que ella, pero, lógicamente, ya son diez veces mejores, aunque la cuestión no es ésa. Habiendo dominado un deporte extremo (o casi), Katty busca ahora otro que le ayude a hacer frente a la década próxima.

He aquí las cualidades afines a la seguridad

La seguridad empezaba a cobrar forma. Cada vez nos convencíamos más de que implica acción: hacer, dominar, tal vez decidir, pero otros términos seguían llamando nuestra atención. (Por un tiempo incluso cometimos el error de principiantes de usar indistintamente "seguridad" y "autoestima".) Nuestros expertos nos aclararon las cosas. Aunque poseer las cualidades afines a la seguridad también es conveniente, existen diferencias cruciales entre ella y los demás atributos positivos que muchos tendemos a agrupar: autoestima, optimismo, autocompasión y eficacia personal.

Algunos de estos miembros de la familia extensa de la seguridad se han estudiado minuciosamente e investigado a profundidad. Otros son nuevos en la escena. Cada cual tiene detractores y partidarios. Hay quienes te dirán que el optimismo es la clave de la vida;[2] otros serán igualmente categóricos en que, sin autoestima, nunca podrás ser feliz. Lo que todos estos conceptos tienen en común es que nos permiten aumentar la riqueza de la vida, operar a nuestra máxima capacidad, mejorar nuestro desempeño profesional y ahondar nuestras relaciones personales. En un mundo ideal, todos poseeríamos todos ellos en abundancia.

Autoestima

"Soy una persona valiosa y me siento bien conmigo misma." Si concuerdas con esto, es posible que tengas una autoestima alta. La autoestima es un juicio de valor sobre tu carácter general. Es una actitud: "Me agrado" o "Me odio" o, más comúnmente, algo entre ambos extremos. Es lo que nos permite creernos dignos de ser amados, que tenemos valor como seres humanos. No tiene nada que ver con la riqueza: tú podrías ser el director general más rico y exitoso de tu industria y tener una autovalía baja, o ser cajero de una farmacia y tener abundante autoestima.

A mediados de la década de 1960, el sociólogo Morris Rosenberg ideó la escala básica de autoestima que sigue siendo el estándar mundial.[3] Se trata de una sencilla lista de enunciados: "Creo que no tengo mucho de qué enorgullecerme", "Creo poseer varias cualidades". Calificando estos y otros ocho enunciados medirás rápidamente tu autovalía. Nosotras hemos incluido esta escala en las notas, por si tienes curiosidad de saber cómo te va en ella.

La autoestima es esencial para el bienestar emocional, pero es distinta a la seguridad, porque esta última suele asociarse con impresiones acerca de lo que podemos alcanzar: "Estoy seguro de que puedo participar en esta carrera y llegar a la meta". La autoestima tiende a ser más vasta y estable. Si tienes una buena impresión general de tu posición en el universo puede ser que la mantengas por el resto de tu vida y que influya en gran parte de lo que hagas. Es una protección invaluable contra los reveses.

Su empalme con la seguridad es considerable, sin duda. Una persona con autoestima alta tenderá a poseer seguridad, y viceversa. La relación entre ambas es particularmente estrecha si la autoestima alta se basa en talentos o aptitudes. "Creo ser un individuo valioso porque soy listo, ágil, eficiente y exitoso en mi campo." Pero si lo que te importa no es el talento, la habilidad, la inteligencia o los logros sino ser una buena persona, quizá devota, o vivir de acuerdo con un código moral, entonces tu autoestima y tu seguridad en ti mismo tendrán vínculos más laxos.

Cabe señalar que últimamente ha habido una reacción contra la autoestima; este concepto ha desarrollado mala fama en la mente de los psicólogos (para no hablar de jefes, maestros, padres y hasta algunos de sus antiguos defensores) luego de décadas de promoción en escuelas, hogares e incluso centros de trabajo. Esto se debe a que el producto promovido era una autoestima poco objetiva.[4] Se ponía énfasis en decir a los niños, y a veces también a los adultos, que eran triunfadores, fabulosos y perfectos. Tras ver a una generación de chicos arropados por la autoestima convertirse en adultos sin timón, los expertos se percataron de que nada de eso les da en realidad una base concreta para creer que pueden hacer algo, e incluso para tomar decisiones.

Optimismo

El optimismo ha desplazado con brío a la autoestima y es el factor del momento. En latín, *óptimo* significa "más favorable". Así, una persona optimista es la que espera el resultado más favorable de una situación dada. El optimismo es cuestión de interpretación, y ese vaso básico medio lleno o medio vacío sigue siendo útil. Podemos experimentar los mismos hechos —el vaso tiene igual cantidad de agua—, pero cómo los interpretemos dependerá de nuestra actitud optimista o pesimista. Winston Churchill expresó memorablemente la diferencia: "Un pesimista ve la dificultad en cada oportunidad; un optimista, la oportunidad en cada dificultad". Otra marca distintiva del optimismo es la gratitud. Si eres optimista, verás sucederte cosas buenas y te sentirás agradecido por ellas. Si eres pesimista, no prestarás tanta atención a las cosas positivas, y cuando ocurran, las juzgarás casualidades. Los psicólogos proponen esta simple prueba: abre la puerta a un optimista y te dará las gracias. Un pesimista tenderá a no notar que se hace eso en su favor, o lo creerá en beneficio de otra persona.

Puedes ser optimista en relación con un suceso específico: "El maratón será divertido" o "Será una prueba fácil para mí", o tener una visión general de que las cosas marcharán positivamente. A diferencia de la autoestima, el optimismo no es un juicio de tu autovalía interior; es una actitud basada en tu visión del mundo exterior. No eres optimista debido a tu talento o bondad innata; lo eres porque ves el mundo positivamente.

Nansook Park es una de las principales expertas en optimismo en el mundo entero, así como profesora de la University of Michigan. Ella afirma que la seguridad y el optimismo están estrechamente relacionados, pero que los diferencia algo importante: el optimismo es una perspectiva más general y no necesariamente alienta la acción. La seguridad sí. "El optimismo es la sensación de que todo va a salir bien", dice. "La seguridad es: 'Puedo lograr que esto dé resultado'."[5]

Una de las voces más influyentes en la psicología actual es Martin Seligman, uno de los fundadores del movimiento de la psicología positiva. Él redefinió el optimismo como algo más enérgico, dotado de una sensación de acción, lo que lo asemeja a la seguridad. En su best seller *Learned Optimism* (Optimismo adquirido) sostiene que, como otras habilidades, el optimismo puede cultivarse con, por ejemplo, maestría y fuertes sacudidas, lo que contribuye a desarrollar una noción de acción personal. A juicio de Seligman, los optimistas creen poder lograr cambios, por eso el mundo no les parece tan deprimente.

Autocompasión

La autocompasión es el miembro más reciente y perceptible de la familia extensa de la seguridad, y a primera vista podría evocar los relajados y *hippies* años sesenta. Este concepto se desprende de la teoría budista de la bondad y los trabajos de Sharon Salzberg,[6] aunque su aplicación académica más reciente se debe a Kristin Neff, profesora del Departamento de Psicología Educativa de la University of Texas.[7] El precepto central es que todos deberíamos ser más amables con nosotros mismos, porque hacerlo nos vuelve más sanos, así como más plenos y exitosos en las actividades de nuestra elección.

La autocompasión dicta que nos tratemos como tratamos a nuestros amigos. Si una amiga llega y te dice: "Acabo de hacer una tontería, metí la pata", ¿qué haces? Te muestras amable, alentadora y comprensiva y le das un abrazo. O si es un hombre, le das una palmada en la espalda. Intentas subirle el ánimo a la otra persona. Pero, dice Neff, con demasiada frecuencia no hacemos lo mismo por nosotros: "En efecto, las personas más compasivas con los demás suelen ser las menos indulgentes consigo mismas".

La segunda clave de la autocompasión es que coloca nuestras experiencias individuales en un marco de experiencia humana compartida. Toma nuestras imperfecciones y sufrimientos y los pone en el contexto de lo humano. Orientado al éxito, en nuestro mundo tendemos a concebir el fracaso como anormal. Cuando recibimos una baja calificación, se nos niega un ascenso, nos quedamos sin trabajo o un novio nos deja, nos inclinamos a decir: "Esto no debería estar pasando". Pero estos reveses forman parte de lo humano, y si nunca los has tenido eres un robot. Poner nuestras desilusiones en ese contexto las vuelve menos alarmantes y excepcionales.

¿Cómo encaja entonces la autocompasión en el clan de la seguridad? A primera vista, autocompasión y seguridad semejaban ser un par poco indicado. La seguridad, lo sabíamos ya, implica acción. La autocompasión dice: "Deja de fustigarte; ponte en el amplio contexto de la condición humana y acepta cierto grado de fracaso". ¿Por qué no nos induce a aceptar todos nuestros errores hasta volvernos comatosos? ¿Por qué no quedarnos en el sillón merodeando por los canales de compras? "Me porté mal con mi amiga, no hice de cenar, no hablé con esa persona que parecía estar sola, no hice la tarea, no fui al gimnasio, no terminé mi proyecto en el trabajo, no me inscribí en el curso difícil. Bueno, soy un ser humano. ¿Dónde está el control remoto?"

Neff nos explicó pacientemente que, lejos de entrar en conflicto con la seguridad o alentar la indolencia, la autocompasión impulsa la seguridad, pues nos permite correr los riesgos que la refuerzan. Es una red de protección que nos permite probar más cosas, todavía más difíciles. Incrementa la motivación porque amortigua el fracaso.

"La mayoría cree que se debe criticar para motivarse a cumplir sus metas. De hecho, cuando te criticas constantemente, te deprimes, y la depresión no es una mentalidad motivacional", dijo Neff.

Habiendo superado nuestras reservas iniciales de profesionales de excelencia, algo más nos atrajo de la autocompasión: aceptar que está bien ser regular a veces. Muchos pasamos la vida tratando de ser los mejores en todo, sea ganar en el futbol a los cinco años o ser socio a los treinta y cinco. Vivimos en una cultura en la que ser cualquier cosa que no sea el ganador está mal visto.

"Si yo les dijera que su trabajo como periodistas es regular, se sentirían devastadas, ¿no es así?", nos dijo Neff. "Ser considerado regular se juzga un insulto. Todos tenemos que estar por encima del promedio, lo cual nos procura una mentalidad muy comparativa. Pero las matemáticas no funcionan aquí. Es imposible que todos estemos por encima del promedio, pese a lo cual numerosos estudios demuestran que la mayoría de los estadunidenses lo cree."

Vivimos en un mundo de comparaciones constantes, no nada más laborales. Ella es más delgada, rica y exitosa que nosotras. Es mejor madre, tiene un matrimonio mejor. Pero definirte sin cesar conforme a los logros de otros es engañarte. Siempre habrá alguien que hace las cosas mejor que tú. A veces saldrás bien librada de la comparación; a veces no.

La autocompasión reconoce lo absurdo de esto. Para correr riesgos, debemos admitir que no siempre ganaremos. De lo contrario, nos negaremos a actuar o nos sentiremos devastadas. La autocompasión no es excusa para la inacción; da sustento a la acción y nos suma a los demás seres humanos, con todas las fortalezas y debilidades que esto implica.

Eficacia personal

Si la autocompasión es la socia amable y bondadosa, la eficacia personal es la exigente, la que dice: "Hazlo".

En 1977 se publicó el artículo del psicólogo Albert Bandura "Self-Efficacy: Toward a Unifying Theory of Behavioral Change".[8] En el reposado mundo de la psicología académica, este trabajo, con su misterioso título, fue un terremoto. Durante los treinta años siguientes, la eficacia personal fue uno de los temas más estudiados en psicología. *Eficacia personal* es creer en tu aptitud para tener éxito en algo. La premisa central de Bandura fue que esa creencia, nuestra sensación de eficacia personal, podía alterar nuestra manera de pensar, actuar y sentir. Al igual que la maestría, la eficacia personal tiene efectos indirectos.

La naturaleza orientada a metas de esta eficacia atrajo en especial a la generación nacida en los años posteriores a la segunda guerra mundial, centrada en el éxito. Pero también es una cualidad simple y práctica. Todos podemos identificar metas específicas por alcanzar: bajar diez kilos, aprender un idioma u obtener un aumento de sueldo. Bandura dice que la clave para cumplir esas aspiraciones es la eficacia personal. Si tienes una fuerte sensación de autoeficacia, verás los retos como tareas por vencer, te involucrarás más en las actividades que emprendas y te recuperarás más pronto de los reveses. Una falta de eficacia personal nos induce a eludir desafíos, a creer que las cosas difíciles rebasan nuestra capacidad y a hacer demasiado hincapié en los resultados negativos. Lo mismo que para la seguridad, la maestría es fundamental para la autoeficacia. En otras palabras, si te empeñas en volverte bueno en algo desarrollarás eficacia personal, la creencia de que puedes tener éxito.

Algunos expertos nos dijeron que ven la autoeficacia como indistinta de la seguridad. Otros sostuvieron que tienen diferencias, que la seguridad también puede ser una creencia más generalizada en tu aptitud para triunfar en el mundo. Nosotras asociamos la autoeficacia con el concepto de optimismo adquirido de Seligman. Los tres están estrechamente vinculados con una sensación de poder personal.

Sea cual fuere la etiqueta formal que le pongas, de componente de la autoeficacia, el optimismo o la seguridad clásicamente definida, esa creencia de que puedes tener éxito en algo, llevarlo a su consumación, tuvo inmediato eco en nosotras. Se ajustó a nuestras observaciones sobre la acción. Parecía ser un hilo central de la seguridad que perseguíamos.

El objeto propiamente dicho

¿Conoces el viejo refrán que dice "Todo está en tu cabeza"? Bueno, en lo relativo a la seguridad, es falso. Una de las conclusiones más inesperadas y vitales a las que llegamos es que no es cierto que toda tu seguridad esté en tu cabeza. Lo cierto es que debes *salir de tu cabeza* para poder crearla y usarla. La seguridad ocurre cuando la insidiosa autopercepción de que no eres capaz de algo es completamente opacada por la realidad de tus logros.

Katty descubrió esta realidad en una trastienda mal ventilada pero de alto octanaje en la Casa Blanca. Convocada a una reunión de expertos en Medio Oriente, se *sintió* la única persona no calificada en la sala. "Tan altos vuelos me hicieron sentir insegura", admite. "Cuando llegó la sesión de preguntas y respuestas quería inquirir algo, pero me preocupaba parecer ignorante, ruborizarme o parecer tonta." La gran mayoría de los asistentes eran hombres y todos parecían muy seguros de sí. Lo más fácil era no hacer nada y guardar silencio; lo arriesgado, lo acorde con la seguridad, hablar. Por fin, luego de un ridículo lapso de indecisión, logró hacer una pregunta. "Me di cuenta de que todo se reducía a forzarme físicamente a levantar la mano, mantenerla ahí y soltar palabras. Y adivina qué: ¡no se acabó el mundo! Mi pregunta fue tan pertinente como la de cualquier otro. Ahora, cada vez que me veo en una situación semejante, me digo que si ya lo *hice* en una ocasión, puedo volver a hacerlo. Y cada vez es un poco más fácil."

Lo habíamos visto en las ratas y oído de la generala Jessica Wright y los académicos: la seguridad tiene que ver con hacer. Estábamos convencidas de que uno de los ingredientes esenciales de la seguridad es la acción, la creencia de que podemos tener éxito en algo o llevarlo a su consumación. La seguridad, lo vimos en las jóvenes de Running Start en Georgetown, no permite que la duda te corroa. Es la disposición a salir de tu zona de confort y hacer cosas difíciles. También estábamos ciertas de que la seguridad se asocia con el esfuerzo. Con la maestría. Con resistir y no rendirse. Todas las cualidades afines a la seguridad pueden apoyar esa meta. Es más fácil seguir adelante si eres optimista en cuanto al resultado.

Si tienes eficacia personal en un área y la ejerces, tendrás más seguridad en general. Si posees una autoestima alta y crees ser intrínsecamente valioso, no supondrás que tu jefe te cree indigno de un aumento. Y si fallas, la autocompasión te permitirá no reprenderte, sino tomar tu tropiezo a la ligera.

Por fin estábamos ciertas de cómo queríamos definir la seguridad. Esta sensación se reforzó cuando uno de nuestros guías más firmes en este difícil terreno, Richard Petty, profesor de psicología en la Ohio State University, quien ha dedicado décadas a este tema, resumió en términos muy claros todo lo que nosotras habíamos aprendido hasta ese momento: "Seguridad es lo que pone en acción las ideas".

Claro que en ello también intervienen otros factores, explicó. "Si la acción implica algo alarmante, también podría necesitarse lo que llamamos *valor* para que la acción ocurra", explicó Petty. "O si es difícil, podría precisarse asimismo de una voluntad fuerte para persistir. Enojo, inteligencia y creatividad pueden desempeñar también un papel en ello." Sin embargo, nos dijo, la seguridad es el factor más importante. Convierte primeramente nuestros pensamientos en juicios de aquello de lo que somos capaces, los que transforma luego en acciones.

La seguridad es lo que pone en acción las ideas. La simplicidad era magnífica y convincente. Ésa se convirtió de inmediato no sólo en nuestra definición, sino también en un principio rector de la fase siguiente de nuestra exploración. Especialmente útil fue el hecho de que, en forma natural y sin esfuerzo, dotó de sentido a los demás hilos que habíamos conjuntado. El eslabón crítico entre seguridad, esfuerzo y maestría cobró vida de repente. Estos elementos son los puntos de un ciclo maravillosamente virtuoso. Si seguridad es creer en tu éxito, lo cual te mueve a la acción, actuar te hará sentir más seguro, y así sucesivamente. Este ciclo continuará su marcha gracias al esfuerzo, el éxito e incluso el fracaso.

Tal vez Nike tenga razón: en algún momento tenemos que dejar de pensar y "sólo hacerlo".

Nosotras hallamos una llamativa ilustración de cómo se aplica esto a la realidad (o a algo muy parecido) en Italia, en la Universidad de

Milán. Ahí localizamos al psicólogo Zach Estes, interesado desde hace mucho en la disparidad de la seguridad entre hombres y mujeres.

Hace unos años, Estes llevó a cabo una serie de pruebas consistentes en poner a quinientos estudiantes a reorganizar una imagen tridimensional en una computadora.[9] Parecía un cubo de Rubik simplificado. Por este medio, puso a prueba varias cosas: la idea de que la seguridad puede manipularse y la de que, en algunas áreas, las mujeres tienen menos confianza en sí mismas que los hombres.

Una vez que hombres y mujeres resolvieron algunos de esos enigmas espaciales, Estes descubrió que las mujeres obtenían resultados sensiblemente inferiores a los de los hombres. Pero cuando examinó sus respuestas, vio que la razón de ello era que dejaban sin contestar muchas preguntas. Las eludían, inseguras de su aptitud. Cuando les dijo que debían *tratar* al menos de resolver todos los enigmas, adivina qué: sus resultados se dispararon, igualando los de los hombres. Irracional. Exasperante. Pero también esperanzador.

El trabajo de Estes ilustra, en un sentido amplio, un asunto interesante: el resultado natural de la inseguridad es la inacción. Cuando las mujeres no actuamos, cuando vacilamos por sentirnos inseguras, saltándonos incluso algunas preguntas, nos refrenamos. Esto importa. Pero cuando actuamos —aun si se nos fuerza a responder a todas las preguntas—, obtenemos resultados tan buenos como los hombres. En el experimento de Estes, las mujeres se saltaban preguntas porque no querían lidiar con algo en lo que creían que podían fracasar. Pero en realidad no tenían de qué preocuparse. Eran tan buenas como los hombres para manipular esas imágenes en computadora. Sin embargo, el miedo a fallar las inmovilizaba, garantizando así su fracaso.

En una prueba distinta, Estes pidió a todos responder la totalidad de las preguntas. Hombres y mujeres contestaron correctamente ochenta por ciento de ellas, lo que sugiere una aptitud idéntica. Más tarde los probó de nuevo, pidiendo esta vez que después de cada pregunta reportaran cuán seguros estaban de su respuesta. El solo hecho de tener que pensar en si se sentían seguros de su respuesta alteró su destreza. ¡Los resultados de las mujeres cayeron a setenta y cinco, mientras que los de los hombres se *dispararon* a noventa y tres! ¡Las mujeres somos de veras tan susceptibles a aprovechar cada oportunidad de pensar mal de nosotras? Una insinuación de inseguridad basta para sacudir nuestro mundo, mientras que a los hombres sólo parece recordarles que son fabulosos.

Estes decidió intentar por último un aumento directo de la seguridad. Dijo a algunos miembros del grupo, elegidos al azar, que les había ido muy bien en la prueba anterior. En su prueba siguiente, esos hombres y mujeres mejoraron drásticamente sus resultados. Éste fue un claro indicador de lo que la seguridad puede hacer: impulsarnos a actuar y afectar sustancialmente nuestro desempeño, para bien o para mal. Y todos podemos deducir sin dificultad qué sugiere esto sobre las mujeres y la seguridad en nuestra vida diaria.

Facilitadora de la vida

Piénsalo bien. Todas podemos imaginar lo estupendo que sería escribir esa novela, solicitar ese nuevo puesto o sencillamente presentarnos con ese interesante desconocido. Pero ¿cuántas de nosotras lo hacemos realmente?

La seguridad es facilitadora de la vida, profesional, intelectual, deportiva, social y hasta amorosa. El hombre al que conociste en una conferencia es apuesto; te gustaría llamarlo y concertar una cita. Pero ¿y si te considera aburrida, poco atractiva o demasiado atrevida? Todas ellas preocupaciones normales, aunque, si te falta seguridad, también inmovilizadoras. Te quedarás en casa, con deseos de llamar pero sin hacerlo. La seguridad te empuja a levantar el teléfono.

También otros rasgos alientan la acción, como señaló Richard Petty. La ambición, por ejemplo, que nos motiva a perseguir un éxito apreciable, puede combinarse con la seguridad en pos de una meta. El valor suele compeler a actuar, y en mucho mayor grado. En un principio nosotras estuvimos tentadas a concebir el valor como otra cualidad afín a la seguridad. Pero ésta es el fundamento de la acción, ya que te hace creer en tu aptitud para hacer algo o para triunfar, mientras que el valor promueve la acción sin considerar riesgos ni éxitos. Su fuente es distinta, una especie de centro moral. No obstante, puede ser un socio decisivo de la seguridad, sobre todo en situaciones en que operamos sin el beneficio de una reserva de confianza y debemos dar los primeros y aterradores pasos para forjarla.

Otros factores limitan nuestra propensión a la acción. La falta de motivación podría impedirnos solicitar ese ascenso. La desidia, entrenar para un maratón. Pero si suponemos que el deseo está ahí, el único inhibidor formidable es no creer en nuestra aptitud para triunfar. Y, seamos honestas, ni la tentación de un cómodo sillón ni la falta de motivación son lo que nos impide hablar en momentos álgidos o hacer una venta en frío a un cliente. La seguridad es lo único que importa ahí.

Pese a todo, un par de preguntas no dejaban de importunarnos desde nuestras intensas conversaciones con Cameron Anderson sobre los méritos del exceso de confianza. ¿Cuál es el monto de seguridad óptimo? ¿Es posible determinarlo? En poder de una definición clara de la seguridad, esto parecía más fácil de abordar. Disponíamos de un consenso firme entre científicos sociales y exactos en que lo óptimo es una ligera inclinación al exceso de confianza. Adam Kepecs, nuestro experto en ratas, cree que eso es básica, biológicamente útil. "Es adaptativo tener niveles apropiados de seguridad en que hacemos las apuestas correctas en la vida", nos dijo. "Y, de hecho, lo es más tener algo de seguridad extra por si acaso, de cara a la incertidumbre." En otras palabras, es mejor creer en tus capacidades un poco más de lo necesario, porque entonces te inclinarás a hacer las cosas, no sólo a pensar en hacerlas.

Quizá ya tengas una idea aproximada de tu nivel de seguridad, sobre todo si te reconociste en alguna de las conductas que describimos. Pero existen indicadores formales. En las notas al final de este libro hemos incluido dos de las escalas de seguridad más confiables.[10] Una fue recientemente creada por Richard Petty, en colaboración con Kenneth DeMarree, de la University of Buffalo. La otra es un muy socorrido sondeo, con treinta años de antigüedad. Ninguna de las dos consume mucho tiempo, por si quieres adjudicar algunas cifras a tu estado actual de seguridad.

La seguridad, creemos nosotras, es nuestro eslabón perdido. Es lo que puede sacarnos de nuestra mente fatigada y llevarnos al terreno liberador de la acción. La acción segura puede adoptar muchas formas; no siempre es tan explícita como presentar una solicitud de empleo o aprender paracaidismo acrobático. Una decisión, una conversación, un juicio: todo esto está movido por la seguridad.

La seguridad en uno mismo es, en última instancia, lo que distingue a quienes imaginan de quienes hacen. Es lo que parece habitar naturalmente la mente de las Susan B. Anthonys y las Malala Yousafzais. Pero las autoras de este volumen terminamos por ver asimismo la seguridad como algo que *todos* podemos crear. Percibimos un poder alentador en el concepto de la seguridad como acción, la cual, cuando se emprende, siembra y cosecha más de lo mismo. La acción, razonamos, es algo que todos estamos en libertad de elegir. ¿Podría ser que la adquisición de seguridad sea básicamente decisión nuestra? Confirmar esta atractiva noción requería responder previamente a otra pregunta.

3 Programadas para la seguridad

E l trayecto de Washington, D.C., al oeste de Maryland nos llevó al bucólico campo de graneros rojos en menos de una hora. Los caballos volteaban a ver desganados nuestro automóvil, ajenos por completo al fabuloso experimento que se llevaba a cabo más adelante. Una tribu de trescientos macacos, cuyos miembros originales procedían de las montañas de Sri Lanka, se había establecido en Poolesville. Estaba ahí para ayudar a los seres humanos a entender por qué nos comportamos como lo hacemos.

Fuimos a ver los monos, pero también al hombre que los ha observado desde hace más de cuarenta años, el neuropsicólogo Steve Suomi, de los National Institutes of Health (NIH). Él es un destacado explorador del embrollado y centenario terreno de naturaleza versus educación, al mando de un pequeño imperio de laboratorios en este puesto de avanzada en el campo, cuya pieza central es un patio de juegos de dos hectáreas para sus sujetos. Aquel día era deliciosamente soleado y gran cantidad de macacos correteaban y se mecían en los pasamanos.

"En los monos hay diferencias de personalidad muy interesantes", nos dijo Suomi. "Entre ellos hay de todo, desde individuos saludables y adaptados hasta propensos a la ansiedad o la depresión, y aun al autismo. ¿De dónde proceden esos rasgos?"

Suomi ha avanzado mucho en la respuesta. Su laboratorio animal se ha convertido en la zona cero en el cada vez más amplio estudio de la biología de la personalidad.

73

Específicamente, nosotras le seguíamos la pista a un gen de la seguridad, preguntándonos si podríamos hallar pruebas de algo que intuíamos desde tiempo atrás: que hay quienes nacen seguros de sí mismos. Tú los conoces, son esos individuos que parecen deslizarse sin esfuerzo por la vida, sea lo que ésta les depare; las personas para las que ninguna tarea es demasiado difícil, ninguna situación demasiado angustiosa y ningún reto demasiado grande. Exudan un aire de serenidad inherente, envidiable y hasta irritante. La madre profesional que hace malabares entre sus hijos, el trabajo y su cónyuge y que jamás se cuestiona si todo marcha bien con su familia o en su carrera. El joven que se lanza a recorrer Costa Rica mochila al hombro, dando por supuesto que todo saldrá bien. Las personas que no tienen empacho en expresar su opinión en público o en exigir un aumento en privado. Sus padres, amigos y cónyuges dicen que siempre han sido así, lo que hace que su seguridad aparentemente inconmovible dé la impresión de ser más inalcanzable aún.

¿Esa seguridad es resultado de su educación? ¿O existe una secuencia de ADN que la incuba? ¿Nuestra confianza en nosotros mismos forma parte integral de nuestra personalidad?

Suomi se ha hecho estas mismas preguntas y tratado de encontrar respuestas estudiando la personalidad de sus monos. Últimamente se ha centrado en la fuente de la ansiedad, lo que en esencia significa, como nos dijo él mismo, que examina la seguridad. Los monos seguros de sí mismos no tienden a ser ansiosos, y viceversa.

Con base en investigaciones propias y ajenas, Suomi concluyó que, en efecto, hay monos que nacen programados para ser más seguros que otros. "Ahora sabemos que hay un fondo biológico en eso", nos dijo. "Ciertas características biológicas aparecen muy pronto en la vida y, de no alterarse el entorno, podrían mantenerse durante la niñez, la adolescencia y la edad adulta."

Sus investigaciones se benefician del hecho de que los monos crecen cuatro veces más rápido que los humanos. Esto ya le ha permitido observar a varias generaciones. Él y su equipo rastrean la conducta de los monos desde que nacen, fijándose en las técnicas de crianza y registrando la frecuencia con que la prole socializa con los demás, domina el patio de juegos, corre riesgos y se aísla.

Al observar atentamente a los macacos, en medio de vívidos comentarios de Suomi y sus investigadores, pudimos distinguir, en efecto, los diferentes patrones de conducta que él describió. Algunos monos holgazaneaban junto al lago, mientras que otros participaban en un juego de caza. Varias madres vigilaban cada paso de sus crías. Algunos monos jóvenes permanecían tranquilamente sentados junto a los adultos. Uno de ellos casi no mostraba interés alguno en la actividad circundante. En general, la escena no se diferenciaba de la que podría encontrarse en el patio de una escuela: predominan el juego y la interacción, pero algunos jóvenes se abstienen. Ese comportamiento es propio, dijo Suomi, de sus monos menos seguros y más ansiosos.

Aun así, mientras contemplábamos el retablo ante nosotras nos preguntamos si en verdad podríamos obtener conclusiones sobre la seguridad humana partiendo de la conducta de los macacos. Ellos son nuestros ancestros y las investigaciones nos recordaban que compartimos con ellos noventa por ciento de nuestra composición genética. No obstante, Suomi nos explicó que entre ellos y nosotros hay un lazo más esencial todavía, descubierto por él. El ágil macaco es el único primate en compartir con nosotros una variación genética particular que los investigadores han terminado por juzgar fundamental para la formación de la personalidad.[1] Ese gen se llama SLC6A4, o gen transportador de serotonina, que afecta directamente la seguridad.

Nosotras ya habíamos oído hablar de la serotonina y es probable que tú también. Tiene gran influencia en el estado de ánimo y la conducta; un nivel mayor de ella puede hacerte sentir tranquilo y feliz. Prozac y medicamentos afines estimulan justamente los niveles de serotonina. En suma, ésta es buena, y el SLC6A4 es el gen que regula los niveles de esa hormona, reciclándola a través de nuestro sistema.

Este gen transportador de serotonina se presenta bajo diversas variedades o, en términos científicos, posee polimorfismo, lo que significa que propende al favoritismo; algunos tenemos versiones más eficientes que otros. Una de esas variaciones consta de dos hebras cortas, lo cual es muy raro, pero la gente con esa huella genética procesa mal la serotonina, lo que aumenta su riesgo de depresión y ansiedad. Otra versión contiene una hebra larga y otra corta, lo que aunque significa mejor uso de la serotonina de todas formas implica ineficiencias. La tercera variante contiene dos hebras largas, lo cual permite un mejor uso de esa hormona. Los científicos creen que las personas con esta variante son por naturaleza más resistentes, un criterio clave de la seguridad.[2]

Docenas de estudios han examinado el gen slc6a4 en humanos. La mayoría de ellos ha señalado claros vínculos con trastornos de depresión y ansiedad, mientras que, a últimas fechas, ese gen se ha asociado con la felicidad y el optimismo, gracias al reciente interés científico en el estudio de atributos mentales sanos.[3] Expertos como Suomi, que han analizado exhaustivamente ese gen, dicen estar ciertos de que la serotonina, sobre todo por su aptitud para inhibir la ansiedad, sienta las bases de la confianza en uno mismo.

Hace años, al conocer las primeras investigaciones a este respecto, Suomi —quien para ese entonces ya llevaba décadas documentando meticulosamente la conducta de sus monos— sospechó que el gen transportador de la serotonina intervenía en el fenómeno que él había detectado. En busca del gen de la serotonina, hizo pruebas de adn en todos sus sujetos. Al comparar la totalidad de sus datos, resultó que la genética predecía exactamente la conducta que él había registrado: qué monos habían nacido deprimidos, retraídos y ansiosos, y cuáles otros eran más resistentes. Suomi había encontrado un tesoro.

Paseamos la mirada por su oficina, repleta de archivos y decorada con fotos de sus animales, muchas de ellas reliquias mal colgadas de los años ochenta. Una en particular guarda una semejanza asombrosa con las fotos de nuestros hijos que exhibimos en casa: Cocoabean, uno de los primeros monos nacidos en Maryland, lanzándose un clavado soberbio en el estanque del campamento, ante la mirada de su peludo amigo Eric. La cuidadosa atención, observación y prueba que han sido por décadas la vida y pasión de Suomi han dado resultados que ni siquiera él habría podido prever. Felizmente para nosotras, esa labor proporciona una nueva lente sobre los orígenes genéticos de la seguridad, aun cuando la conducta segura en humanos parezca más sutil y variada que en los monos. Él mismo algo retraído, Suomi admitió cierta fascinación con nuestro tema. De tez rojiza, maneras suaves y luciendo un cómodo albornoz azul, volvió hacia nosotras sus ojos, cubiertos con gafas, y se puso a describir las variaciones en seguridad que ha observado.

Descubrió, por ejemplo, que los monos cuyos genes los vuelven más resistentes, o menos ansiosos (los de hebras más largas), tienden a convivir más con los demás, correr riesgos y ser líderes. En otras palabras, exhiben más seguridad en sus acciones. Su descripción de la compleja estructura social de los macacos es fascinante, e incluye patrones de conducta sospechosamente similares a la política humana de oficina. Los líderes priorizan las alianzas y ocupan el mejor terreno; su privilegiada oficina es un bastidor de mazorcas cerca del estanque. Establecen su poder abriendo la boca y mirando en silencio a subalternos y rivales. Los súbditos más listos y prometedores son serviles; las genuflexiones más eficaces constan de muecas para enseñar los dientes o de movimientos de ancas lanzadas al aire. Los monos con las otras versiones (de hebras cortas) del gen de la serotonina no siempre muestran una conducta tan drástica o inhabilitadora como la depresión, pero Suomi ha comprobado que desde que nacen son apáticos, temerosos o poco independientes, y que al crecer son los menos dispuestos a practicar juegos arriesgados. En otras palabras, parecen menos seguros. Curiosamente, en algunos de ellos la ansiedad y falta de confianza se manifiestan como hiperactividad y agresión. Esto sucede con más frecuencia en los machos, algo también reminiscente de nuestro mundo.

El código humano

¿La seguridad está entonces codificada en nuestros genes? Sí, al menos en parte. Así lo creen no sólo Suomi, sino también la totalidad de la docena (o más) de científicos que entrevistamos. Todos llegamos a este mundo con mayor o menor propensión a la seguridad, por efecto del gen transportador de la serotonina que compartimos con los macacos, aunque también a causa de muchos otros factores. "Gran parte de la personalidad está biológicamente determinada", dice el doctor Jay Lombard, uno de los fundadores de Genomind, compañía pionera en la realización de pruebas genéticas. "En ello intervienen visiblemente tanto la naturaleza como la educación, y saber cuáles genes afectan la biología del cerebro y crean el temperamento es ya una prioridad declarada de los NIH."

En términos de escala y duración, uno de los estudios más persuasivos entre los que vinculan los genes con la seguridad en uno mismo es el que dirigió Robert Plomin, renombrado genetista de la conducta del King's College de Londres. Aunque Plomin no puede reproducir el hábitat perfectamente sellado y estudiado de Suomi, se aproxima a ello. Y lo ha hecho con seres humanos.

Hace veinte años, Plomin decidió emprender un ambicioso estudio de quince mil pares de gemelos en Gran Bretaña.[4] Los ha seguido desde su nacimiento hasta la edad adulta, obteniendo gran cantidad de datos sobre todo tipo de cuestiones, desde inteligencia hasta propensión a enfermedades y roles de género. Algunos de esos gemelos son idénticos, con ADN idéntico; otros son fraternos y sólo comparten su ADN como lo hacen los hermanos ordinarios. Los gemelos han sido desde hace mucho los sujetos más eficaces para estudiar el enigma naturaleza versus educación.

En su reciente examen del desempeño académico de esos gemelos, Plomin decidió prestar más atención a la seguridad, o la fe de los chicos en su aptitud para hacer bien las cosas. A los siete años, y después a los nueve, los gemelos presentaron una prueba estándar de CI y exámenes de tres áreas: matemáticas, redacción y ciencias. Más tarde se les pidió calificar *cuán seguros estaban de su aptitud* en cada tema. Plomin y sus investigadores también tomaron en cuenta informes de los maestros. Una vez cotejados todos los datos, al equipo de investigación le impresionaron dos hallazgos. La calificación de aptitud autopercibida (CAA) de los estudiantes era una significativa predicción de logros, aún más importante que el

CI. Para decirlo llanamente, la seguridad es mejor que el CI para predecir el éxito. Plomin y su equipo habían descubierto en niños lo que Cameron Anderson halló en adultos.

Los investigadores encontraron asimismo que gran parte de la seguridad procede de nuestros genes. Al separar unos de otros los resultados de seguridad de los gemelos idénticos y de los fraternos, descubrieron que los de los primeros son más parecidos entre sí. Los hallazgos de Plomin sugieren que la correlación entre genes y seguridad podría ser de hasta cincuenta por ciento, y ser más estrecha incluso que el vínculo entre genes y CI.[5]

Que un rasgo de personalidad aparentemente amorfo como la seguridad pueda ser tan heredable como la inteligencia nos pareció exagerado, hasta que comprendimos que nos habíamos aventurado en todo un campo de estudio, la genética de la personalidad, y justo en una etapa notablemente explosiva. Incontables avances en la genética y la biología conductual en la última década han producido medios más refinados de examinar la mente en acción, así como métodos más económicos y eficientes de serializar y escudriñar el ADN. Cientos de esos estudios —que implican genes, fluido cerebral, conducta y neuroimagenología— confirman la tesis de que grandes segmentos de nuestra personalidad se forman en el momento de la concepción. Los investigadores han identificado genes que influyen en todo, desde la timidez hasta la motivación, la conducta criminal y la inclinación a ser bailarín profesional. (Cierto, más detalles sobre el ADN de la danza en las notas.)[6]

Cabe aclarar que algunos de los expertos con los que hablamos no coinciden con la conclusión de Plomin de que la *mitad* de la seguridad es genética. Dicen aceptar que rasgos de personalidad más amplios —los cinco grandes, como se les conoce— son genéticos en cincuenta por ciento. Se trata de la apertura, la equidad, la extroversión, la afabilidad y la neurosis. No obstante, ubicarían atributos como el optimismo y la seguridad, considerados facetas de los cinco grandes, en la categoría de los heredados en veinticinco por ciento. Aun así, esto no dejó de sorprendernos. Sea que tengamos en los genes cincuenta o veinticinco por ciento de nuestra seguridad, la proporción es muy alta, mayor de la que habríamos imaginado. (Suponemos que no pasará mucho tiempo antes de que las mujeres embarazadas puedan hacerse un rápida prueba fetal de ADN para determinar si deben invertir en cerraduras de seguridad y paredes acolchadas o en muñecos de peluche y libros.)

Pero por sugestiva y abundante que la información científica pueda ser en este momento, difícilmente es exacta. Resulta que cernir nuestros veinte mil genes es un proceso muy lento. Aún no contamos con nada semejante a un completo o parcial código genético de la personalidad. Recuerda que en los veintitantos años transcurridos desde que despegó la investigación genética, se ha puesto énfasis en la patología —enfermedades físicas y mentales—, no en los componentes genéticos de la salud y el bienestar. Esto comienza a cambiar apenas. Hoy la pregunta igualmente interesante es: ¿cómo son los genes de las personas psicológicamente fuertes y saludables?

No es de sorprender que la inteligencia sea el atributo positivo que haya recibido mayor atención. Investigadores del mundo entero han descubierto ya al menos un gen de la inteligencia, comparando resultados de ADN y CI.[7] Un joven investigador chino, Zhao Bowen, busca otro, con su máquina de seriación a toda vela, inspeccionando muestras de ADN de las personas más listas del mundo.[8]

Nadie ha emprendido aún un proyecto para extraer muestras de ADN de las personas más seguras del mundo y ninguno de los científicos con los que hablamos cree que exista un gen de la seguridad. Lo mismo que muchos otros rasgos de personalidad complejos, los expertos nos dijeron que la seguridad se ve influida por un gran número de genes, docenas o más, lo que produce un revoltijo de hormonas y actividad neural. La seguridad implica tanto emoción como cognición. De hecho, tiene un componente metacognitivo, porque implica lo que *sabemos* sobre nuestro cerebro en operación. En otras palabras, no sólo tiene que ver con si podemos o no *hacer* una tarea, sino también con si nos *evaluamos capaces* de hacerla o no. Aun así, los científicos perforan ya el perímetro íntegro de la seguridad, al tiempo que examinan atributos de personalidad afines, como optimismo y ansiedad. Su trabajo hace posible armar una fórmula básica preliminar.

Impulso para la acción

Pensando en nuestra definición de la seguridad como impulso para la acción, decidimos que el enfoque más directo consistía en indagar qué es exactamente lo que hace que el cerebro se halle en el estado indicado para actuar.

Descubrimos que existe un puñado de neurotransmisores cruciales para generar ese estado, los que operan como mensajeros positivos en nuestro cerebro. La serotonina, la sustancia que Suomi rastrea en sus monos, es precisamente uno de ellos.

Niveles sanos de serotonina en la corteza prefrontal nos permiten tomar decisiones más racionales, porque la serotonina nos ayuda a guardar la calma. La corteza prefrontal es el centro de mando del cerebro; es la sede de la función ejecutiva, el pensamiento racional y la toma de decisiones. Concíbela como el Yoda de nuestro cerebro. Cuando esa parte del cerebro se llena de serotonina, induce seguridad en nuestra toma de decisiones, porque sentimos menos estrés.

Esto se debe a que la serotonina también contribuye a apaciguar la amígdala, la parte primitiva del cerebro. Se trata de nuestro núcleo primordial, necesario para cuando debemos acceder rápidamente a emociones intensas.

La mayoría de esas emociones tiene una asociación negativa, como la reacción de pelear o huir, instintos básicos que los seres humanos necesitaban para sobrevivir en la antigua sabana. En la era moderna, cuando la supervivencia es una preocupación menos apremiante (aun si no siempre lo parece), la actividad en la amígdala destaca amenazas psicológicas y contribuye a la depresión y la ansiedad. El papel de la serotonina es calmar la amígdala y crear lo que los neurocientíficos llaman "comunicación sana" entre la parte racional y la basada en el temor de nuestro cerebro.

La oxitocina es otro neurotransmisor que afecta directamente la seguridad. Esto nos sorprendió inicialmente. Quizá ya hayas leído en la prensa acerca de lo que se ha denominado la "hormona del mimo". Los científicos dicen que la oxitocina influye en nuestro deseo de abrazar, tener relaciones sexuales con nuestra pareja, ser generosos con los amigos, compartir, tomar decisiones éticas y ser fieles.[9] Es la que baña a las mujeres cuando dan a luz o el pecho. Hombres y mujeres la obtienen haciendo el amor y ejercitándose. Se trata de una hormona que genera un círculo virtuoso: cuanto más abrazas, más oxitocina produces y más quieres abrazar. Compañías europeas comercializan ya un aerosol de oxitocina, y un estudio sugiere que ésta promueve incluso la monogamia. (Revisa la sección de notas.)[10]

Shelley Taylor, psicóloga de la University of California en Los Ángeles, que estudia la oxitocina y ha descubierto que está fuertemente vinculada con el optimismo, sugiere que también desempeña una parte crucial en la seguridad. Cree que al alentar más interacción social y menos pensamientos negativos sobre los demás y el mundo, la oxitocina allana el camino de la acción y la asunción de riesgos. Cuando eres optimista, hacer cosas parece más fácil. La oxitocina funciona en el cerebro a la manera de la serotonina, contribuyendo a la actividad de la corteza prefrontal, el centro de las habilidades mentales y la función ejecutiva de orden superior, y manteniendo tranquila la muy alterable amígdala.

Taylor identificó el gen OXTR, que controla la secreción de oxitocina.[11] Como ocurre con el de la serotonina, detectó dos versiones de ese gen. Una de ellas puede derivar en escasas habilidades sociales, más reacción al estrés, menos optimismo, menos autoestima y menos aptitud para dominar cosas, mientras que la otra se correlaciona con una conducta resistente, relajada y sociable. Así, aunque podemos generar nuevas provisiones de oxitocina teniendo bebés y abrazando más, algunos nacemos con más de ella y contamos por tanto con una línea de base más alta de actitudes y conductas favorables a la seguridad.

No olvidemos tampoco a la dopamina.

La dopamina mueve a hacer y explorar; se asocia con la curiosidad y la asunción de riegos. Su ausencia se ha enlazado con pasividad, aburrimiento y depresión. Dos genes relevantes la controlan: uno se co-noce como COMT y el otro como DRD4. Estos dos genes se presentan en variedades distintas. (¿Adviertes ya una constante aquí?)

Una versión del gen DRD4, el DRD47R, es el gen que promueve una asunción de riesgos drástica,[12] motivo por el que se le llama "el gen de la aventura". Piensa en los paracaidistas o en los políticos aficionados al escándalo. Los deportistas extremos suelen tenerlo, igual que los inversio-nistas a los que el riesgo parece sentarles de maravilla. Su cuerpo ansía los grandes incrementos de dopamina que reciben cuando llegan al límite.

Al gen COMT se le conoce también como el gen "agresivo/apren-sivo". Este gen es complicado, pero esencial para la seguridad. A nosotras nos interesó entender cómo funciona tratando de adivinar si fuimos pro-gramadas para preocuparnos o para pelear.[13]

Una variante del gen COMT desplaza rápidamente la dopamina de la corteza frontal (agresivo), otra a velocidad intermedia (agresivo/apren-sivo) y una más lo hace despacio (aprensivo). Usualmente, la dopamina es buena. Tener más el mayor tiempo posible facilita la concentración. Las medicinas ADHD están directamente ligadas a ella. Así, es lógico que la variación del gen aprensivo, que conserva más tiempo la dopamina en el cerebro, derive en mayor CI. Igualmente, menos dopamina significa que los agresivos suelen tener más dificultades para concentrarse. Pero he aquí el enigma del COMT: cuando el estrés irrumpe, el cuerpo produce rápidamente dopamina, la cual fluye por la corteza. Demasiada dopamina no contribuye a la concentración ni a la asunción de riesgos; sobrecarga el cerebro, causando una especie de corte del estrés. De pronto, la situación se invierte. La variación genética que desplaza más despacio la dopamina, la variación aprensiva, no es buena en ese momento, porque contribuye a ese corte.

Así pues, en condiciones estresantes, los beneficios y deficiencias genéticos se invierten. Esto explica por qué las abejas obreras sumamente concentradas y responsables pueden bloquearse frente a tareas difíciles o en otras situaciones de alto riesgo. Y por qué, más en general, personali-dades mesuradas aceptan de repente un reto específico, y de hecho crecen con él; necesitan cierto estrés para funcionar mejor. Piensa en las estrellas del deporte que impactan sobre todo en lo más álgido de un partido. O, en un caso más afín a nosotras, en los periodistas que sólo trabajan bien bajo la intensa presión del cierre.

Nosotras percibimos de inmediato un enlace con la confianza en la forma en que esa variante del gen COMT puede alentar una conducta paradójica. La ciencia explica por qué la seguridad en uno mismo puede parecer específica de cierto tipo de situaciones. Algunos abogados, por ejemplo, son brillantes para preparar expedientes, pero incapaces de debatir en un tribunal. O bien, hay ejecutivos de mercadotecnia imposibles de ser motivados a hacer las tareas de rutina que su puesto requiere, pero que entran en acción justo antes de la presentación mensual, no duermen toda la noche y llegan con conceptos ganadores. En cierta medida, esas personas están hechas de esa manera.

Comprendimos entonces que todas esas hormonas sientan las bases que necesitamos para experimentar seguridad. Cuando la dopamina, que nos impulsa a movernos, se mezcla con la serotonina, que induce serenidad, y con la oxitocina, que genera actitudes cordiales y positivas, la seguridad puede arraigar más fácilmente.

En ese momento de nuestra investigación, ambas experimentamos una curiosidad insaciable por nuestra genética y comenzamos a especular, muy poco científicamente, acerca de nuestro ADN. Durante años hemos intentado desentrañar nuestras paradojas de operación. ¿A qué se debe que nos rebelemos contra el cierre, por ejemplo, pero lo necesitemos para rendir de modo óptimo? No obstante, ambas somos también muy inclinadas a los preparativos y a caer, por tanto, en el perfeccionismo. ¿Somos entonces agresivas o aprensivas? ¿No podemos concentrarnos más que bajo presión extrema? ¿Y cómo es posible que profesionalmente hayamos llegado a donde estamos y estemos escribiendo un libro sobre la seguridad pese a que todavía nos pone ansiosas tener que hacer una entrevista? ¿Tenemos poca serotonina? ¿Y qué haríamos con esa información si la tuviéramos?

Claire dio por supuesto que posee un alto nivel de oxitocina y Katty coincidió con esa evaluación. "Anhelo sentir afecto, contacto e intimidad, y tiendo a ver las cosas que me rodean de un color rosa subido. Esto puede ofuscarme a veces", admitió. "Pero presumo que mi nivel de serotonina es bajo, porque puedo ser muy ansiosa. He batallado con esto a lo largo de los años y mis padres padecían depresión. Creo que mi composición general no contribuye a un perfil genético de seguridad alta. Poca o mucha, la que tengo es probablemente creación mía."

Ambas estamos ciertas de que Katty es agresiva. En opinión de Claire, riesgos y desafíos le sientan bien. "Supongo que tengo un nivel muy alto de serotonina, porque no soy demasiado ansiosa", dice Katty, "pero no creo poseer el cordial y difuso gen de la oxitocina. Soy muy realista."

Oscilamos en esta vena varias semanas, debatiendo sobre un paso que ninguna de las dos previó al principio de nuestra investigación: si debíamos solicitar nuestro mapa genético. No esperábamos hallar tantas investigaciones que indicaran que la seguridad puede ser heredada o tener una base biológica, pero ahora nos atraía la idea de que podíamos tener una inclinación natural, genética, a saltar de un acantilado o a ponernos de pie en una reunión intimidante. ¿Saberlo nos serviría de algo o nos inhibiría más? La curiosidad se impuso al cabo y decidimos hacernos la prueba, sobre todo luego de que nos enteramos de que eso era tan sencillo como enviar muestras de saliva a una de dos nuevas compañías genéticas, 23andMe y Genomind.

23andMe (así llamada por el número de pares de cromosomas en cada célula humana) es la compañía de genética personal respaldada por Google que se volvió noticia súbita debido a un conflicto con la Food and Drug Administration (Dirección de Alimentos y Medicamentos, FDA) de Estados Unidos justo cuando nosotras concluíamos este libro. A fines de 2013, ese organismo advirtió a 23andMe que no podría seguir comercializando sus pruebas genéticas sin su aprobación, así que la compañía dejó de venderlas hasta obtener la bendición de la FDA. El debate en marcha augura definir la nueva era de la genética personal y la medicina personalizada, en especial quién controlará el acceso a la seriación e información del ADN.

23andMe ofrecía algo único: amplias pruebas genéticas a disposición del publico, sin pasar por los médicos. Eso se había vuelto muy accesible; la prueba de genética personal costaba noventa y nueve dólares. Dicha compañía ha declarado que su meta de largo plazo es disponer de una base de datos genéticos para la investigación científica. Sus pruebas no eran exhaustivas: abarcaban sólo un millón de los tres mil millones de genes. Pero sus científicos se centraban en genes en los que la investigación ha detectado inquietudes de salud, relacionados con el Alzheimer, Parkinson y cáncer de mama, por ejemplo. Asimismo, ofrecían abundante información específica sobre la ascendencia personal. Los resultados incluían detalles sustanciales sobre lo que un perfil genético dice acerca de muchos otros riesgos de salud posibles. Y eso es en esencia lo que preocupaba a la FDA, con el argumento de que hoy se cuenta con información científica concluyente sobre unos cuantos genes y de que, por tanto, los consumidores podían conceder mucho o muy poco peso a sus resultados y tomar decisiones de salud cuestionables sin la ayuda de su médico.

Las pruebas de Genomind son más restringidas, aunque revolucionarias en el campo del bienestar cerebral y la neuropsiquiatría. Los fundadores de esta compañía desean poner la ciencia genética de vanguardia en manos de médicos y psiquiatras para tratamientos concretos. (Esta empresa ha evitado problemas con la FDA proporcionando pruebas sólo por medio de médicos y hospitales.) Los científicos de Genomind han elaborado un conjunto muy específico de pruebas genéticas, respaldadas por el análisis de resultados, que prestadores de servicios de salud usan ya en todo Estados Unidos. En vez de que un paciente describa sus síntomas y el médico emplee un método de prueba y error para determinar el tratamiento por seguir, los resultados genéticos suelen señalar las medicinas más eficaces. Tú podrías ser candidato a medicamentos contra la ansiedad, por ejemplo; pero si tienes cierto perfil genético, algunos no producirán el efecto buscado. Con base en esos datos científicos, tu doctor podría optar por un tratamiento inicial distinto.

Tanto 23andMe como Genomind ofrecían algunas de las pruebas que buscábamos, y 23andMe seguía en operación, así que accedimos. A esas alturas de nuestra investigación, sabíamos que la genética no es determinante, pese a lo cual nuestra decisión nos pareció significativa.

La ejecución de la prueba fue casi demasiado fácil (cada cual escupió en un tubo de ensayo), pero la espera de los resultados terminó siendo angustiosa, comparable a la de los resultados del Scholastic Aptitude Test (examen de aptitud académica, SAT). Como periodistas, nosotras siempre damos por sentado que toda información es útil. Sabíamos que conocer nuestra materia prima tenía que ofrecer beneficios; ése es el tema mismo de este capítulo. Pero ¿y si lo que descubríamos no nos agradaba? ¿Y si los resultados reforzaban todos nuestros autoestereotipos negativos? "No le demos más vueltas", nos dijimos. Debíamos esperar.

Qué ocurre cuando ocurre la vida

Si una gran proporción de la seguridad puede explicarse convincentemente por medio de la genética, ¿qué significaba eso para nuestra teoría de que la seguridad también podía ser una decisión? Resulta que ambas cosas son posibles. Nosotras descubrimos que, para gran parte del mundo científico, la antigua formulación naturaleza versus educación es obsoleta.

El pensamiento y la investigación innovadores se ocupan ya del estremecimiento resultante de la interacción naturaleza-educación. Es el efecto de la educación en la naturaleza lo que importa y nos hace quienes somos. En muchos casos, la educación es tan potente que puede alterar la programación original de la naturaleza, encendiendo y apagando genes, por así decirlo. Algunos científicos han descubierto "genes de la sensibilidad": variaciones genéticas que podrían significar que sus portadores son más susceptibles que otros a la influencia del entorno.[14] Otros investigadores han descubierto que el poder del pensamiento habitual produce cambios físicos y nuevas vías neurales en el cerebro, lo cual puede reforzar y hasta invalidar la genética y cambiar la química del cerebro.

Así pues, las decisiones en la vida importan tanto, si no es que más, que aquello con lo que nacemos.

Velo de esta manera: tienes un plano para tu nueva casa y ya has puesto los cimientos. Algunas estructuras serán más fáciles de erigir sobre ellos que otras. Con suerte, ya dispones del sustento básico para un tercer piso. Pero aun si tus cimientos no son tan firmes y tienes que poner más cemento, tiempo después podrías hacer ese piso adicional. Esto implicaría quizá trabajo extra y el empleo de materiales diferentes. Mucho dependerá también de factores externos. ¿Cuántas tormentas azotarán la casa? ¿Vives en una zona sísmica? ¿Se te bendijo con un clima templado? Tales condiciones climáticas y geológicas forzarán los cimientos a moverse y reaccionar de diferente manera, pero también tu tiempo y esfuerzo importan.

La confirmación de que ésta es la novísima dirección de la ciencia arribó cuando nosotras vimos una estructura muy real, con valor de quinientos millones de dólares, levantarse a paso ligero en el Upper West Side de Manhattan. Nuestro viaje nos llevó frente a lo que será la sede del Mind Brain Behavior Institute de la Columbia University. La meta de este centro será crear un método holístico para el estudio del cerebro, su funcionamiento y su influencia en todo, de la conducta a la salud y la emoción. Científicos y psicólogos, aunque también historiadores, artistas y filósofos —todos ellos especialistas en su campo—, convergerán en este puesto de avanzada de Columbia en West Harlem.

La idea es que ese método interdisciplinario habrá de brindar respuestas con mayor celeridad y comenzará a cerrar la brecha entre ciencia y conducta. Tras incontables y fastidiosas horas de escribir en nuestros pequeños despachos en casa y en múltiples Starbucks, de hacer agotadoras entrevistas en trenes y de leer investigaciones en taxis, contemplamos con envidia los planos de ese instituto, realizados por el galardonado arquitecto Renzo Piano, especialista en edificios que inspiran ligereza y creatividad. Éste dará la impresión de flotar sobre el suelo y tendrá un eje vertical de espacios abiertos en cada piso, diseñado para promover la interacción y la lluvia de ideas. Laboratorios se hallarán disponibles para el momento en que surjan las ideas.

El codirector de ese instituto, Tom Jessell, profesor de bioquímica y biofísica molecular, dedicaba antes su tiempo a estudiar los misterios de lo microscópico. Ahora piensa irrefrenablemente en grande. Ve los contornos de la seguridad en formas que nosotras ni siquiera habíamos imaginado.

Para Jessell, conocer la confianza en uno mismo desde la perspectiva celular hasta sus implicaciones globales es la ruta científica apropiada. Nos invitó a pensar en partes del mundo en las que la gente carece de una sensación de poder individual. Jessell se paró de su silla de un salto, sin poder contener la emoción. "Lo que ustedes ven podría ser consecuencia, en parte, de no tener seguridad. Esas personas viven en un mundo en el que todo lo que hacen es malo y nada de lo que lleven a cabo marcará una diferencia. Esto se llama 'indefensión adquirida'. Científicos sociales en África la estudian. Claro que también la pobreza, el clima y el mal gobierno intervienen en ello", dijo. "Pero si, gracias al estudio multidisciplinario, es posible saber qué puede hacerse para modificar ese estado de seguridad en un individuo, cómo puede pasar de un estado apático a uno optimista, las implicaciones globales serían asombrosas."

Científicos de Columbia y otras importantes universidades luchan ya en el frente de la conjunción de lo macro y lo micro en un campo revolucionario conocido como *epigenética*, en el que se examina cómo las experiencias de la vida pueden grabarse en nuestro ADN y alterar el *epigen*, el exterior de nuestros genes, para hacer que éstos se comporten de otra manera.

Ciertos rasgos son fijos y difíciles de influir, como la altura o el color de ojos, por ejemplo. Pero rasgos de carácter como la seguridad son mucho más complejos y maleables. Los gemelos idénticos brindan el mejor ejemplo del poder de la epigenética. Cierto, su ADN es igual, pero suelen mostrar diferencias en personalidad y salud. ¿Por qué? A causa de la expresión de esos genes, del hecho de que algunos se encienden al tiempo que otros son apagados. Tales interruptores de encendido y apagado están sujetos a un alto grado de influencia del entorno externo.

Más todavía, esos cambios externos pueden ser transmitidos de inmediato a nuestros hijos. Cabe la posibilidad de que el cambio genético sea factible en el curso de una vida, no después de múltiples generaciones, como propuso Darwin.

"La propia idea de que nuestra experiencia de vida podría ser heredable es hoy un tema candente en la epigenética", nos dijo Frances Champagne, psicóloga de Columbia especializada en este campo. Ella y sus colaboradores exploran ya la forma en que sucesos prenatales pueden inducir efectos duraderos. Sus hallazgos indican que episodios estresantes, por ejemplo, pueden tener efectos epigenéticos no sólo en mujeres embarazadas, sino también en el feto en desarrollo. Ellos examinan también el impacto del estrés en los hombres y su descendencia futura.[15] Otros estudios han revelado que las mujeres que vivieron los acontecimientos del 11 de septiembre estando embarazadas transmitieron a sus bebés altos niveles de hormonas de estrés, a través de su ADN.[16] Un estudio distinto determinó que las ratonas embarazadas que reciben menos vitaminas tienen crías con más probabilidades de ser obesas.[17] Según Champagne, aún es muy pronto para predecir si una mujer que apenas forja su seguridad, por ejemplo, podría crear al mismo tiempo algo heredable para sus hijos, aunque esto no es imposible.

Fuerza por sensibilidad

Steve Suomi se halla en una posición única para estudiar algunas de las nuevas tendencias en el enigma naturaleza/educación. Puede hacerla de Svengali y ejercer control total sobre su colonia de monos como ningún psicólogo investigador de seres humanos. Ha tomado a monos ansiosos o seguros, según su genética, y manipulado cuidadosamente su entorno para ver qué pasa. Los resultados son pasmosos. "Algunos rasgos se heredan", nos dijo, esbozando una sonrisa, "pero eso no quiere decir que no se puedan alterar."

Suomi descubrió que, como en el caso de los humanos, entre los macacos las madres son muy importantes para dar forma a las actitudes y conductas de su prole; los primeros seis meses de cuidados y establecimiento de lazos afectuosos son críticos. ¿Cuánto? "Realizamos estudios para examinar a monos cuyo pasado genético indicaba que serían naturalmente ansiosos y temerosos y los hicimos adoptar por madres alentadoras y comprensivas", nos dijo. "A esas crías les fue muy bien cuando crecieron. Se volvieron muy sociables. Se acostumbraron a pedir ayuda a otros y acabaron en lo más alto de su ciclo dominante."

He aquí qué significa eso: los monos nacidos con genes resistentes prosperaron con cualquier tipo de madre. Criados por madres ansiosas o negligentes, aquéllos con el gen de la ansiedad social se volvieron monos adultos ansiosos. Una madre decorosa produce un adulto un tanto ansioso, pero una fantástica puede convertir a una cría genéticamente programada para la ansiedad en un adulto saludable. Gracias a sus cuidados, el hijo es capaz de superar su predisposición genética.

Suomi hizo después un descubrimiento radical y contraintuitivo con implicaciones mayores. Criados por esas madres fabulosas, los monos "genéticamente desafiados" no sólo mejoraban, sino que sobresalían. Prosperaban. Se volvían más fuertes, sanos y seguros que sus iguales. Se convertían en superestrellas, gracias a una madre superestrella.

Suomi descubrió lo que otros investigadores comienzan apenas a comprender. Hay genes que vuelven a los monos (y a los seres humanos) no más *vulnerables*, sino más *sensibles* al entorno. Existe una gran diferencia entre una cosa y otra. Suomi dio en concebir a los monos con el gen de la ansiedad como esponjas, capaces de absorber lo peor, pero también lo mejor, de lo que experimentan.

En círculos científicos, la propuesta de los genes de la sensibilidad gana terreno rápidamente, y en fecha reciente fue bautizada como *teoría de la orquídea*. Según el psicólogo del desarrollo Bruce Ellis y el pediatra del desarrollo W. Thomas Boyce, la mayoría de los niños son genéticamente como dientes de león: fuertes y capaces de prosperar en numerosos entornos.[18] Contra lo que se ha creído durante años, añaden, los niños que no son dientes de león bien podrían no ser los débiles. Con base en evidencias crecientes, esos investigadores postulan que tales niños deberían ser concebidos como orquídeas: más difíciles de criar, pero capaces de destacar incluso por encima de los robustos dientes de león si se les procura el entorno correcto.

Otros estudios confirman que el entorno imprime una huella más profunda en la gente con genes de la sensibilidad.[19] Miles de bebés alemanes gritones, gimoteadores y con una conducta extraviada tan severa que se les creyó en riesgo, fueron seguidos casi dos años. Los investigadores videogrababan intervenciones de los padres, a los que luego guiaban sobre cómo interactuar mejor y leer con sus hijos. Al final del estudio los investigadores detectaron significativas mejoras conductuales en todos los niños. ¿La sorpresa más alentadora? Las mejoras principales ocurrieron en los niños con una versión del gen de la dopamina vinculada con ADHD, pero en realidad podría tratarse de otro gen de la sensibilidad. En opinión de estos estudiosos, las positivas intervenciones de los padres produjeron en este caso el doble de mejoras que en los niños con el gen normal objeto de intervenciones del mismo tipo.

Científicos de la University of Essex probaron esta teoría en adultos usando un juego en computadora con una amplia variedad de imágenes, y hallaron que las personas con las formas cortas del gen de la serotonina son más influenciables por información tanto negativa como positiva. Son más sensibles y, a juicio de algunos científicos, más adaptables.[20]

Velo de esta manera, en términos reales: las personas nacidas con ese gen podrían estar entre las menos seguras que conoces, pero también entre las más seguras, según los retos que hayan enfrentado y el apoyo con que hayan crecido.

"Claro que", señaló Suomi, alzándose de hombros, "el entorno que te toque será producto del azar." Él cree que hay otros periodos decisivos, aparte de la infancia, en los que las personas con genes de la sensibilidad podrían ser especialmente influenciables. Suomi estudia ya la relación entre el gen de la serotonina y la pubertad, el parto y la menopausia.

La hipótesis del gen de la orquídea, por cierto, agudizó la nerviosa espera de nuestros resultados genéticos. ¿Éramos dientes de león u orquídeas? Katty dio por hecho que ella era de materia dura, capaz de adaptarse y afrontar muchos entornos. "¡Pero eres muy flexible!", dijo Claire, muy confundida ya acerca de lo que revelarían sus resultados. ¿Su poco alentadora madre había influido poderosamente en ella? ¿O se trataba de su resistencia en su ADN? Dio en obsesionarse con sus hijos. "¿Cuál de ellos necesita atención extra? ¿Debería hacerles la prueba? Y si tengo una orquídea, ¿ese hijo consumirá toda mi energía mental, dejando poco a los otros?"

La promesa de la plasticidad

La información científica más increíble, sumamente prometedora para el desciframiento de la clave de la seguridad, demuestra que todos podemos reprogramar nuestro cerebro, aun en la edad adulta. Orquídeas o dientes de león, madres buenas o malas, cuando modificamos nuestro pensamiento y desarrollamos nuevos hábitos mentales el esfuerzo implicado produce cambios físicos en nuestro cerebro.

La cuestión de la resistencia, de por qué algunas personas soportan reveses mejor que otras, por qué mantienen su seguridad de cara a desastres, ha preocupado desde hace años a Rebecca Elliott. Distinguida investigadora de la University of Manchester en el campo de la imagenología del cerebro cognitivo, Elliott busca en esas imágenes señales de resistencia. Ésta puede ser en parte genética, resultado quizá de aquel gen de la serotonina. Pero ella cree que pronto las investigaciones confirmarán que dicha resistencia, cualidad relacionada con la confianza en uno mismo, también puede crearse, y nos hizo notar las cada vez más numerosas investigaciones sobre la plasticidad del cerebro. Un muy simple entrenamiento cerebral, o métodos de pensamiento, nos explicó, puede abrir nuevas vías en nuestro cerebro adulto, vías capaces de promover la resistencia, o el pensamiento seguro, y de pasar a formar parte de nuestra programación.[21]

Es difícil precisar si fue cuando comprendimos que era imposible asimilar tantos nuevos datos sobre la plasticidad del cerebro, o cuando pusimos fin a una fascinante sesión más de decodificación con Laura-Ann Petitto, innovadora neurocientífica cognitiva de la Gallaudet University, pero entender en su verdadera dimensión la promesa de la plasticidad del cerebro fue un parteaguas para nosotras. Vale decir que cambió nuestra perspectiva de este proyecto. Al examinar las causas de la brecha de la seguridad, hubo veces en que nos agobió la idea de que cerrar esa brecha podría tardar varias generaciones más. De hecho, fue por esa razón que éste no se planeó como un libro de consejos o recomendaciones prácticas. Sencillamente, jamás pensamos hallar tantas cosas tan relevantes, más allá del dictado superficial de enderezarnos. También nos perturbó saber que buena parte de nuestra seguridad es genética y comenzamos a preguntarnos qué margen de decisión tenemos en esta materia. Ignorábamos que algo tan simple como ejercicios mentales selectos podía producir cambios conductuales duraderos.

La plasticidad es la piedra angular de la idea de que la confianza en nosotros mismos es una decisión que todos podemos tomar. Si somos capaces de alterar de modo permanente la composición de nuestro cerebro, aun los nacidos con menos seguridad genética, podemos desarrollar una confianza sólida y permanente mediante la instrucción correcta. Norman Vincent Peale se adelantó mucho a su época. Hay poder y ciencia en el pensamiento positivo.

(Cuanto más leíamos sobre la plasticidad, menos angustiadas nos sentíamos de haber encargado nuestras pruebas genéticas. Al menos, supusimos, seríamos capaces de superar resultados desagradables, si los había.)

Como la mayoría de los padres, conocíamos el concepto de la plasticidad del cerebro por el de nuestros hijos, la idea de que debíamos introducir en él todo lo bueno que pudiéramos antes de que ellos cumplieran diez años y, supuestamente, su cerebro se volviera rígido y quebradizo. En realidad, esa ventana es mucho más amplia. El cerebro mantiene su plasticidad a todo lo largo de la edad adulta.

Elliott nos informó que la terapia conductual cognitiva, técnica desarrollada para ayudar a crear nuevos patrones mentales, es el enfoque más eficaz para realizar cambios conductuales específicos, aunque algunos de los ejemplos más elocuentes de cambio en la función y estructura del cerebro han implicado la meditación básica. Varios estudios con imagenología de resonancia magnética (IRM) antes y después de un periodo de meditación mostraron menos actividad en la amígdala, el centro del temor, tras un promedio de ocho semanas de meditación.[22] Un experimento reciente con personas de negocios muy estresadas determinó no sólo menos actividad del temor tras la meditación, sino también que la amígdala se contrae y permanece así.[23] A la inversa, los escáneres de IRM posmeditación muestran más actividad en la corteza prefrontal, el centro de la razón serena.

Las dos autoras habíamos probado la meditación y sabíamos que nos tranquilizaba. Saber que también podía alterar físicamente nuestro cerebro nos movió a adoptarla como un hábito regular.

Más allá de la meditación, los clínicos tienen ya un éxito sorprendente tratando con terapia cognitiva a víctimas de trastorno de estrés postraumático (TEP). Éste suele desplazar a la amígdala la acción cerebral, en tanto que la terapia conductual cognitiva la hace volver a la corteza frontal.[24] Investigadores de la Northwestern University documentaron cambios notables en la composición física del cerebro tras una corta sesión de terapia conductual con pacientes con miedo a las arañas. Estudiaron a doce adultos con aracnofobia.[25] Antes de la terapia, escáneres cerebrales indicaron que las regiones implicadas en el miedo, en especial la amígdala, tenían reacciones muy intensas a fotos de arañas, tras de lo cual se verificó una sesión única de dos horas de terapia conductual. En este caso, la terapia implicó acercarse a una tarántula y tocarla. (Es bueno que hables de cómo piensas enfrentar tus temores; es como pedirle a alguien que teme hablar en público que practique con un podio y público real.) Al final, nuevos escáneres mostraron que la acción de la amígdala había vuelto a la normalidad, mientras que la corteza prefrontal, responsable de reevaluar y examinar las cosas más racionalmente, presentaba *mayor* actividad. He aquí lo más impresionante: cuando el cerebro de los sujetos se escaneó seis meses después, la amígdala seguía quieta. *Luego de sólo una sesión de dos horas.* Seis meses más tarde, esos individuos seguían siendo capaces de tocar tranquilamente una tarántula.

¿Qué más pasó en esas sesiones de terapia? Se enseñó a los participantes que su miedo a las arañas era en gran medida infundado. Algunos creían que aquéllas se les echarían encima. Otros, que planeaban algo malo (como quienes hablan del temor a un jefe difícil o a compañeros de trabajo.) Se les enseñó entonces que lo que más interesaba a las tarántulas era ocultarse de los seres humanos. En esencia, aprendieron a mantener en perspectiva sus ideas catastróficas.

La terapia cognitiva dirige la atención consciente a producir cambios en el cerebro. Otro elemento que afecta la plasticidad del cerebro es, desde luego, todo aquello que almacenamos y usamos de manera inconsciente. La memoria, ese depósito de experiencias de vida, es un actor de suma importancia en la seguridad. Piénsalo bien, el pasado siempre es el prólogo en nuestro cerebro. La memoria es uno de los elementos que hacen que nuestro mecanismo de seguridad sea mucho más complicado que el de las ratas. La forma en que interactuamos con nuestro entorno se basa en una noción preconcebida de lo que el mundo hará con nosotros, lo cual se basa en recuerdos de nuestras experiencias. Pasamos y repasamos esa cinta en nuestra cabeza.

Más todavía, podemos pasar esa cinta sin estar conscientes de ello. Daphna Shohamy, neuropsicóloga de Columbia, usó una máquina de IRMf (IRM funcional) para escanear el cerebro de estudiantes mientras practicaban una serie de videojuegos.[26] Uno de éstos implicaba a sujetos que elegían entre dos imágenes una vez que se les decía que algunas de ellas tenían premio. Después, al practicar un juego distinto, se pedía a los sujetos elegir al azar entre dos imágenes sin premio. Ellos ignoraban esto y no conocían el patrón implicado, pero tendían a elegir la imagen que se les había mostrado junto a la opción premiada en la ronda anterior. La asociación parecía haberse captado, y almacenado y entrado en su cerebro. Los escáneres de IRM lo confirmaron, mostrando que el hipocampo, o sede de la memoria, se encendía en la segunda ronda, sugiriendo que la memoria había sido alcanzada al hacer esa elección.

Sin embargo, cuando más tarde se preguntó a los estudiantes por qué habían tomado esas decisiones, no tenían un recuerdo consciente de selección con base en ese motivo. Es la primera vez que alguien demuestra que el hipocampo, parte media sustancial del cerebro, hace algo más que fundir recuerdos. También interviene enfáticamente en nuestra corteza mientras tomamos decisiones, aunque sin dejar huella.

Nosotras dedujimos intuitivamente los efectos de esto en la acción segura. Nuestros recuerdos, conscientes o no, moldean nuestras decisiones. El recuerdo de un comentario negativo de un colega en una reunión hace cuatro años podría seguir contribuyendo a nuestra tendencia a guardar silencio. A la inversa, discursos exitosos en la universidad, pese a que ya no los recordemos, pueden darnos confianza para hablar en la convención anual de la compañía.

Ambas dimos en preguntarnos entonces sobre sucesos oscuros pero influyentes en nuestra vida. Katty recordó una vez en que, como joven reportera, arruinó por completo un reportaje en vivo desde Japón. No pudo evitar preguntarse si ese recuerdo vuelve a la superficie años después cada vez que se siente un poco nerviosa al hacer televisión en vivo. Claire recordó haber sido rechazada en la preparatoria para hacer un papel en una obra de teatro y cuestionó el efecto que eso había tenido en su conclusión de que no le gustaba mucho actuar.

Obviamente, nadie puede escapar al rechazo ni evitar la pena de un mal desempeño. No podemos controlar del todo las experiencias que posteriormente se convertirán en recuerdos punzantes e inconscientes. Pero saber que la memoria inconsciente puede pesar tanto en la acción futura significa que debemos acumular abundantes opciones positivas, porque importarán.

Laura-Anne Petitto afirma que la plasticidad del cerebro es el principal avance de la década en las neurociencias. "Supongamos", nos dijo, "que su inseguridad se debe en parte a algo más freudiano, menos genético, como patrones creados en la infancia con base en cómo las trataban sus padres o cómo las percibían los demás. Sus rutas neurales fijarán recuerdos en respuesta a eso. Imagínenlas como una autopista de cemento capaz de generar actos reflejos en el futuro. Pero si sobre ella pueden poner una capa de nuevas redes de recuerdos, podrían modificar la ruta de la autopista, construir puentes sobre ella. No podrían deshacerse de ella, porque se fijó muy pronto, pero pueden eludirla y abrir literalmente nuevos caminos." Ésta es una manera notablemente eficaz de acabar con un aniquilador clave de la seguridad: el pensamiento negativo habitual. Lo más increíble, dice Petitto, es la medida en que ahora los neurocientíficos pueden *ver* esos cambios, observar el cerebro alterando sus rutas y presenciar la formación de nuevas vías neurales.

Shelley Taylor, la psicóloga de la University of California en Los Ángeles, percibe ya amplios beneficios prescriptivos del conocimiento de nuestra biología. "La posibilidad de que el entorno interactúe con los genes es mayor de lo que se creía. Tú podrías tener la versión del gen de la oxitocina que predice timidez; pero apoyada en la forma correcta por tus padres, amigos y maestros, podrías no considerarte tímida siquiera. Sin embargo, si también tus padres son tímidos y retraídos y tus maestros y amigos no te alientan a participar, es probable que sigas el camino trazado por tus genes."

Petitto concuerda con que el entorno modifica la predisposición, pero no totalmente. Desde que nacen, por ejemplo, a algunos bebés se les cataloga como "muy inquietos", y a otros como "muy concentrados". Estos últimos son niños que por lo general pueden hallar estímulos por sí solos; tienden a no aburrirse. Suelen ser más seguros, porque no necesitan un alto grado de validación externa para saber que son competentes.

Los bebés muy inquietos, en cambio, suelen ser inconsolables y demandar atención. Pueden convertirse en los adolescentes que se meten en problemas. "De niños les gusta el peligro, juzgan delicioso el alto riesgo. Aun si son educados por monjas, de grandes buscarán el peligro", dice Petitto, riendo.

Nosotras volvimos a pensar en nuestras hijas, quienes a veces se comportan como chicos (un lugar común, lo sabemos), operando sin cautela ni temor a las consecuencias. Embarrar masilla en la pared de la sala, por ejemplo, para ver si deja marcas (sí); deslizarse en trineo escaleras abajo para ver qué se siente chocar (dolor), o ignorar nuestras advertencias sobre las repercusiones de declarar una guerra de agua dentro de la casa (no ver televisión una semana, lo cual exaspera a todos los involucrados).

Con esos adelantos extraordinarios de la ciencia, nos pusimos a pensar como Orwell, y a imaginar una época en la que podremos conocer nuestra genética y estructurar después nuestro entorno con objeto de ser mejores. Nos preguntamos si debíamos averiguar la mezcla genética de nuestros hijos. ¿Los trataríamos de otra manera? Pero eso ya era llegar demasiado lejos; sabíamos que no estábamos preparadas para dicha información. Estábamos lo bastante nerviosas esperando la nuestra.

El estado y ritmo de la investigación neurocientífica y los descubrimientos genéticos estimularon nuestra exploración. Habíamos comprendido que, aunque nacemos con cierto marco de seguridad, podemos alterarlo en gran medida. Tenemos poder de decisión en esta materia. Pero no habíamos visto una cosa: una evidencia genética concluyente. En nuestras indagaciones hasta ese momento, no habíamos hallado pruebas contundentes de que los hombres tuvieran acceso exclusivo a una especie de gen maestro de la seguridad; nada que explicara clara y limpiamente un desequilibrio de seguridad. La educación y el entorno demandaban un examen muy atento.

4 "Perras tontas y feas" y otras razones de que las mujeres tengan menos confianza

os jóvenes de la U.S. Naval Academy en Annapolis, Maryland, tie-nen un nombre especial para sus compañeras. Las llaman PTF, "perras tontas y feas". Sí. Vergonzoso. No lo podíamos creer hasta que lo verifica-mos con varios egresados recientes. Los hombres insisten tranquilamente en que se trata de un término afectuoso, el que, de hecho, se ha extendido tanto que también algunas mujeres lo usan ya. Piensa nada más en lo que representaría para ti vivir y tratar de ascender en un medio en el que se te llamara de ese modo.

Navegar por la Naval Academy puede ser difícil para una mujer y, mientras estuvo ahí, Michaela Bilotta decidió permitir que se le resbala-ran muchas cosas. La frase PTF no fue una de ellas. La aborrecía y se em-peñaba en pedir a la gente que eligiera otro término en su presencia. Sin embargo, sabía que tendría que sobrevivir cuatro años en Annapolis, así que intentaba ser cortés al manifestar su reprobación.

Lo que nosotras oímos en ese tosco lenguaje en uso en una de las instituciones más respetadas de Estados Unidos fue algo más que una fea afrenta: un eco de siglos de desequilibrio que explica en parte la brecha de la seguridad actualmente existente entre hombres y mujeres. La genética contribuye a explicar por qué algunas personas tienden a ser por natura-leza más seguras que otras, pero no indaga suficientemente en las diferen-cias de género. Nosotras queríamos saber qué se hacen a sí mismas las mujeres —o les hacen otros— que pudiera arrojar luz sobre la brecha de la seguridad.

La atmósfera de la U.S. Naval Academy corresponde definitivamente a la categoría de "les hacen otros". Se trata desde luego de un caso extremo; pero si alguna vez necesitaras una prueba de que, como Ginger Rogers, las mujeres seguimos bailando para atrás en tacones altos, recuerda el PTF. Cuando tenemos que lidiar con un insulto así, no es de sorprender que muchas de nosotras tengamos dificultades con la seguridad.

Ha pasado medio siglo desde que irrumpimos en las salas de juntas, pese a lo cual el terreno del trabajo sigue siendo para nosotras muy diferente al de los hombres. Las estadísticas son muy conocidas y desagradables. Las mujeres ganamos en promedio setenta y siete centavos por cada dólar que ganan los hombres. Cuatro por ciento de los directores generales de *Fortune* 500 son mujeres. Sólo veinte de los cien senadores estadunidenses son mujeres, cifra que se celebra incluso como un récord.

Ahora sabemos que esa discrepancia no se debe a incompetencia. En los últimos cincuenta años, las estadunidenses hemos invertido a nuestro favor la brecha educativa; ahora obtenemos más títulos de licenciatura, maestría y hasta doctorado que los hombres. Media docena de estudios globales, de la Pepperdine University y el FMI, entre otros, señalan que las compañías que emplean a gran cantidad de mujeres superan a sus competidores en todas y cada una de las medidas de rentabilidad.[1]

Cuando las mujeres recibimos una oportunidad equitativa de éxito, lo alcanzamos. Tómese como ejemplo el interesante caso de los músicos sinfónicos. En 1970, apenas cinco por ciento de los músicos en las principales orquestas filarmónicas de Estados Unidos eran mujeres. A mediados de la década de 1990 ya éramos el veinticinco por ciento. Tal aumento se produjo una vez que las orquestas introdujeron un cambio muy sencillo en su selección de personal. En las audiciones, pantallas ocultaban la identidad de los candidatos. Los jueces oían la música, pero no podían ver si el ejecutante era hombre o mujer. Con base únicamente en el dulce sonido de su interpretación, las mujeres comenzaron a ser contratadas en mayor número.[2]

De Annapolis a la Filarmónica de Nueva York, algunas de las razones de que carezcamos de seguridad pueden hallarse en el entorno. A veces las desigualdades son obvias y atroces. A menudo, sin embargo, las circunstancias nos son inocentemente desfavorables, con la mejor de las intenciones.

"Si la vida fuera una escuela primaria, las mujeres dirigirían el mundo"

Viaja en tu recuerdo a tu aula de la primaria. Ahí hallarás las insidiosas semillas del desequilibrio social de género, porque fue ahí donde se nos premió originalmente por ser buenas en vez de enérgicas, inquietas o agresivas.

Es en la escuela donde se espera que las niñas agachen la cabeza, estudien en silencio y obedezcan. Nosotras no recorríamos los pasillos como animales salvajes ni nos metíamos en peleas durante el recreo, y las niñas de hoy siguen brindando una conducta confiable y tranquila en beneficio de maestros demasiado estresados, exhaustos y mal pagados. Desde nuestra más tierna infancia aprendemos que cooperar de ese modo parece rendir fruto.

Peggy McIntosh, subdirectora del Wellesley Center for Women, cree que alentar a las niñas a ser dóciles puede hacerles mucho daño a largo plazo, pero también que es difícil de evitar. A las mujeres nos es más fácil que a los hombres portarnos bien, porque nuestro cerebro capta señales emocionales desde una edad más temprana. Así, lo hacemos porque podemos, y después porque se nos premia por ello. También lo hacemos por nuestros maestros y nuestros padres. Pronto aprendemos que somos más valiosas, y más apreciadas, cuando hacemos las cosas en la forma correcta: ordenada y calladamente. Es así como comenzamos a ansiar la aprobación que obtenemos de ser buenas. Y, en efecto, nadie pretende hacernos daño: ¿quién no quiere a una niña que no causa muchas dificultades?

El resultado es que cometer errores y correr riesgos, conducta crucial para generar confianza, es también una conducta que las mujeres evitamos, en nuestro perjuicio. Las investigaciones demuestran que cuando un niño tropieza, se lo toma con calma, atribuyéndolo a falta de esfuerzo.

Pero cuando una niña comete un error similar, se juzga negligente y termina por creer que eso refleja falta de habilidad.[3]

Éste no es un mensaje que la hija de Claire parezca haber tomado en serio, por fortuna. Della no se parece en nada a su madre perfeccionista y complaciente con sus maestros. Es hombruna y absolutamente temeraria. Desprecia los vestidos, verse pulcra y arreglarse el pelo, parte del cual ella misma se cortó recientemente.

"En ocasiones resulta difícil, por decir lo menos, tener una hija que no se ajusta a las expectativas sociales; la gente no alienta a las niñas a ser sucias, explosivas y escandalosas. Pero el otro día comprendí que a ella le irá bien en la vida siempre que no me interponga en su senda natural." Claire recuerda: "Yo la alentaba a alzar la mano en clase, a participar. Al llegar a casa le preguntaba si había levantado la mano. 'Sí, mamá', me dijo un día. 'De hecho, ahora la alzo todo el tiempo, aun si no tengo nada que decir'.

"Mi primera reacción fue darle un consejo materno sobre lo importante que es 'estar preparada', pero, gracias a la investigación que hemos hecho, pensé: '¡Qué bien! ¡Qué metáfora de la seguridad para todas nosotras! ¡Qué cosa tan *masculina* la de pensar en alzar la mano aun si no tienes nada que decir!'."

Desde entonces yo usé con frecuencia esta anécdota preciosa, que suscitaba grandes carcajadas y notoria apreciación, así que me sorprendió que el doctor Richard Petty, quien se dio tan amablemente tiempo de leer nuestro manuscrito entero y de aportar valiosos análisis, me dijera que mi uso de esa historia como recomendación general era el único consejo en el libro que le parecía equivocado. Tomar en serio riesgos absurdos, como ofrecerse a hablar en público cuando en realidad no se tiene nada que decir, podía tener consecuencias devastadoras para la seguridad en uno mismo, señaló. Lo pensé bien, y creo que tiene razón. ¡Gracias, Richard! Me di cuenta de que había sido muy simplista al abrazar sin más las agallas de Della para correr riesgos. No tener nada que decir pero querer hablar puede ser obviamente contraproducente. Así, tras una reflexión más a fondo, permítaseme aclarar por qué, en forma instintiva, sencillamente no puedo privarme del poder de la imagen de manos femeninas alzándose de manera espontánea en todas las esferas de la vida. Creo también que Della y la mayoría de las mujeres debemos comprender que aunque *creamos* que levantamos la mano sin "nada que decir", por efecto de nuestros defectuosos medidores de seguridad, yo apostaría que, para nuestra sorpresa, por lo común tenemos mucho que aportar. Supongo que estoy demasiado segura de que una vez que empecemos a elevar nuestras manos al cielo veremos nuestra sabiduría desbordarse.

El estilo de Della es la excepción. La mayoría de las mujeres aprendimos demasiado bien la lección de la niña buena. Pero esto no nos prepara muy bien que digamos para el mundo real. Carol Dweck, autora del best seller *Mindset* (Mentalidad) y profesora de psicología de Stanford, lo expresó así: "Si la vida fuera una escuela primaria, sin duda las mujeres dirigiríamos el mundo".

Apropiarse del aula, saltarse el patio

El aula meritocrática en la que sobresalimos no nos enseña a actuar con seguridad en el mundo asertivo y competitivo del trabajo. Puesto que centran toda su atención en obtener buenos resultados académicos, demasiadas mujeres ignoran las muy valiosas lecciones que les esperan fuera de la escuela. "Siguen sin practicar suficientes deportes competitivos, en los que se les entrena para saber qué es competir y ganar", dice Susannah Wellford Shakow, cofundadora de Running Start, el grupo que prepara a mujeres para contender por cargos políticos.

Todos sabemos que el deporte es bueno para niños y jóvenes, pero a nosotras nos sorprendió enterarnos de la gran amplitud de sus beneficios. En estudios que evalúan el impacto del Title IX de 1972, que prohibió a las escuelas públicas estadunidenses gastar más en actividades deportivas para niños que para niñas, se descubrió que las niñas que practican deportes en equipo tienen más probabilidades de obtener un título universitario, hallar trabajo y emplearse en industrias dominadas por hombres.[4]

Existe incluso un vínculo directo entre practicar deportes en la preparatoria y obtener un salario más alto tiempo después. Aprender a aceptar el triunfo y la derrota en los deportes es una lección útil para admitir los triunfos y reveses laborales.

La cantidad de mujeres estadunidenses que practican deportes ha aumentado drásticamente desde la aprobación del Title IX. En las universidades, su participación creció seis veces de 1972 a 2011.[5] En las preparatorias se incrementó en un increíble mil por ciento en el mismo periodo. Aun así, las cifras siguen siendo disparejas. Menos mujeres que hombres hacen deporte, y muchas de las que lo hacen lo dejan pronto. A los Centers for Disease Control and Prevention les preocupa que ellas sigan teniendo seis veces más probabilidades de dejar sus equipos que los hombres.[6]

Los académicos confirman lo que sabemos por experiencia: que las mujeres sufren en la adolescencia una caída en la autoestima mayor que los hombres y tardan más en superar esos años desmoralizadores.[7] La caída en su seguridad las vuelve más propensas a abandonar sus equipos, porque su confianza no es tan robusta para manejar esa pérdida. ¡Qué círculo vicioso! Pierden seguridad y por eso dejan de competir, privándose así de uno de los mejores medios para recuperarla.

Los hombres, entre tanto, parecen aceptar más naturalmente la competencia, en pos de la atención del jefe, la adoración de los compañeros o la oficina principal. En la cancha de futbol, aprenden a gozar sus victorias y sacudirse sus derrotas. En el aula tienden a levantar la mano antes siquiera de oír la pregunta y menos aún de formular preliminarmente una respuesta. En esencia, todo lo convierten en contienda. Esta conducta bien puede irritar al maestro, pero es difícil no envidiar tal grado de confianza en uno mismo.

Con todas sus burlas y jaleos, los hombres se refuerzan entre sí en formas que en realidad son útiles para afianzar su resistencia. Mientras que muchas mujeres buscan elogios y rehúyen la crítica, los hombres parecen no inmutarse por ella, son capaces de desechar las opiniones ajenas desde una etapa temprana en la vida. Del jardín de niños en adelante, se burlan unos de otros, se ponen motes y señalan sus limitaciones mutuas. Los psicólogos creen que la mentalidad del patio del recreo los alienta a permitir más tarde que los comentarios bruscos de otros se les resbalen.[8] Esta habilidad les es muy útil cuando se incorporan a un mundo implacable.

Las mujeres terminan sus estudios repletas de datos históricos interesantes y subjuntivos espléndidos, orgullosas de su aptitud para estudiar con ahínco y obtener las mejores calificaciones. Pero en algún lugar entre el aula y el cubículo, las reglas cambian y ellas no lo entienden. Entran de golpe a un mundo del trabajo que no las premia por su excelente ortografía y exquisitas maneras. Los requisitos del éxito son distintos y su seguridad en sí mismas se resiente.

El éxito profesional exige habilidad política, cierto grado de intriga y maniobra, don para la autopromoción y renuencia a permitir que un "no" te marque el alto. Las mujeres no solemos sentirnos a gusto con eso. Tal vez en el fondo no aprobamos esas tácticas. Sea cual fuere la razón, nunca hemos sido muy buenas para dominar esas habilidades, y esto nos frena.

Valerie Jarrett identifica regularmente esta tensión operativa en las mujeres con quienes trabaja. Es una de las principales mujeres en la Casa Blanca, asesora oficial del presidente Obama y extraoficial de docenas de empleadas de esa residencia. Es una mensajera especialmente eficaz, porque acepta con franqueza que ha tenido que esforzarse para desterrar su desconfianza en sí misma. Nosotras fuimos a visitarla ya avanzada una tarde y, junto con otras colegas, nos reunimos alrededor de una mesa en su oficina en la West Wing. Ataviada con una blusa de seda color crema con discretas y fantásticas figuras amarillas y púrpuras (es famosa por vestir bien), Jarrett logró transmitir al mismo tiempo autoridad tajante y calidez matriarcal. En el curso de la conversación, de una hora, notamos que escucha y pide opiniones tanto como habla, aun en una sesión en la que ella es la entrevistada. Algo que ha aprendido al correr de los años, nos dijo, observando especialmente a su amiga Tina Tchen, jefa de la oficina de la primera dama, es que no siempre es necesario dominar una conversación para ejercer impacto.

No obstante, hay veces en que se requiere decir lo que se piensa, y las mujeres deben conocer esa distinción. "Se nos enseñó el autoescarnio", nos dijo. "Creo que todo empieza en el patio del recreo y que la sociedad lo refuerza después. Pensamos que debemos esperar hasta estar totalmente seguras de que estamos preparadas para algo antes de pedirlo."

A ella le llevó una década de labores aprender a pedir algo enérgicamente, sin aguardar. A comienzos de su treintena trabajaba en la oficina del alcalde de Chicago manejando estelarmente grandes transacciones inmobiliarias. Una clienta le dijo que ella hacía el trabajo de su supervisor. "Me dijo: 'Deberías ser la jefa. Mereces un ascenso'." Jarrett no le creyó. "Pensé que estaba loca, pero ella insistió", dijo mordazmente, "durante meses y meses y meses." Jarrett le hizo caso al fin y decidió correr el riesgo de pedir un ascenso a su jefe. Recuerda esa reunión como si hubiera sido ayer. "Estaba muy nerviosa, pero le expuse todas las razones de que yo mereciera un ascenso, y él se limitó a decir en el acto: 'Está bien'." Fue como si de repente se le hubiera caído la venda de los ojos. Envalentonada, pidió también una oficina importante. Él le dio largas, pero días después ella simplemente se mudó a una oficina vacía. Su seguridad en sí misma subió como la espuma.

Años más tarde, Jarrett preguntó a su antiguo jefe, ya un buen amigo entonces, por qué nunca le ofreció un ascenso. Él contestó que estaba muy ocupado y nunca se le ocurrió hacerlo. "Solemos suponer", nos dijo ella, "que hay un porqué. Pensamos: 'No lo merezco; de lo contrario, reconocerían mi talento. Pero no me corresponde a mí señalarlo'." Ésta es una manera de pensar que ella detecta rutinariamente, aun en la Casa Blanca, y que trata de combatir, porque sabe del daño profesional que puede hacer.

Considérese el siguiente caso de dos empleados en Nueva York. Una amiga nuestra tenía dos empleados veinteañeros, una mujer (a quien llamaremos Rebecca) y un hombre (Robert). Aunque éste llevaba apenas unos cuantos meses en su puesto, se demoraba en la oficina de nuestra amiga improvisando sugerencias de nuevas campañas publicitarias, comentando alguna estrategia de negocios y compartiendo sus no solicitadas opiniones sobre artículos recién publicados en *The Economist*. Nuestra amiga se veía rebatiendo a menudo sus ideas, corrigiendo sus imprecisiones y enviándolo a hacer nuevas indagaciones. "¡Cómo no!", parecía ser la actitud de él. A veces daba un contraargumento; otras, sonreía y se alzaba de hombros mientras se dirigía a su escritorio.

Días después estaba de vuelta para proponer más ideas y poner a su jefa al día de sus actividades, así fuera sólo para decir: "Sigo trabajando en eso". A nuestra amiga le impresionaba la facilidad y energía con que Robert la abordaba y la gran diferencia entre su conducta y la de Rebecca, con quien ya llevaba trabajando varios años. Rebecca seguía haciendo cita para hablar con ella y siempre preparaba una lista de temas y preguntas para sus conversaciones. Cuando se le pedía su opinión, la daba, pero casi no intervenía en las reuniones con los clientes, dedicándose en cambio a tomar apuntes. Nunca manifestaba sus ideas; las escribía, con exhaustivos análisis de los pros y contras. Estaba preparada y era muy trabajadora, pero aunque a nuestra amiga solía irritarle la asertividad de Robert, él no dejaba de impresionarla. Admiraba su disposición a equivocarse y su habilidad para absorber comentarios negativos sin permitir que lo desanimaran. Rebecca, en cambio, se tomaba a mal los comentarios negativos, a los que reaccionaba a veces con lágrimas y con un viaje a su oficina para serenarse antes de poder reanudar la conversación.

Nuestra amiga había terminado por confiar en Rebecca y valorarla, pero cuando especulaba acerca de cuál de los dos tenía lo necesario para llegar lejos, sabía que la que ascendería sería la estrella de Robert. Era sólo cuestión de tiempo antes de que una de sus numerosas ideas acertara y él despegara, quizá —comenzaba a temer nuestra amiga— dejando atrás a Rebecca, respetada por sus colegas pero sin disfrutar de un salario más alto, más responsabilidades o un cargo más importante.

Ante esa realidad corporativa, a veces las mujeres nos rendimos por completo, decidiendo que no encajamos en ese mundo y que no podemos molestarnos en soportarlo cuando el costo para nuestra psique y nuestra familia es tan elevado. Y aun si permanecemos en él, demasiado a menudo consume nuestra energía. Cada mañana debemos ponernos la armadura para ir a la oficina, intentando ganar un juego que en realidad no entendemos ni nos agrada.

Mismo juego, normas diferentes

He aquí una pregunta desagradable: si Rebecca se hubiera comportado como Robert, exhibiendo el mismo tipo de seguridad en sí misma, ¿qué habría pensado de ella su jefe? Todo indica que no le habría ido muy bien, más allá de que su jefe hubiera sido hombre o mujer.

Para las mujeres, éste es el gran enigma de la seguridad. Muchos estudios inquietantes demuestran que pagamos un alto costo social, y aun profesional, cuando actuamos tan agresivamente como los hombres. Si llegamos a la oficina de nuestro jefe con opiniones no solicitadas, hablamos primero en reuniones y damos consejos de negocios que escapan a nuestra categoría salarial, seremos rechazadas o —reconozcámoslo— catalogadas como "perras". Cuanto más triunfa una mujer, peor parece la virulencia en su contra. No es sólo su competencia la que se pone en duda; también su carácter. Piénsese en la campaña electoral estadunidense de 2008, en la que dos mujeres contendieron por la presidencia. Hillary Clinton y Sarah Palin fueron simplemente colocadas en un continuo que iba de lista y fría a tonta y bonita. Nadie diría nunca cosas semejantes de un hombre. Demasiado a menudo, el temor a insultos de ese tipo basta para hacer que las mujeres retrocedan y se vuelvan demasiado deferentes.[9]

De vuelta en la Yale School of Management, Victoria Brescoll ha probado la tesis de que cuanto más alto sea el rango de una mujer, más se esforzará conscientemente por restar importancia a su volubilidad. La mayoría de los hombres manejaría su poder justamente al revés. Brescoll hizo dos experimentos con un grupo de hombres y mujeres.[10]

Primero pidió a doscientos seis participantes imaginarse que eran la figura de más alto o más bajo rango en una reunión. Después les preguntó cuánto hablaría en ella su personaje imaginario. Los hombres que se imaginaron como una figura poderosa reportaron que hablarían más que los que optaron por una posición de bajo rango. Pero las mujeres que seleccionaron roles de poder dijeron que hablarían tanto como las de bajo rango. Cuando se les preguntó por qué, respondieron que no les gustaba que se les rechazara, ni parecer fuera de lugar o demasiado controladoras. ¿Inventaron esos temores o eran realistas?

En el siguiente experimento de Brescoll, los participantes calificaron a una hipotética directora general que hablaba más que otras personas. El resultado: individuos de uno u otro sexo juzgaron a esa directora significativamente menos competente y conveniente para el liderazgo que a un hombre que hablara tanto como ella. Cuando esa directora fue descrita hablando menos que otros, su destreza percibida se disparó.

No sólo nos desagrada que las mujeres hablen mucho, sino que, además, esperamos que los hombres tomen la palabra y se impongan en las conversaciones; los castigamos si no lo hacen. Recuerda asimismo que las participantes en los experimentos de Brescoll tenían tantos prejuicios contra las mujeres como los hombres que intervinieron en ellos.

Soledad en la cima

Aun las mujeres en la cúspide, duras y normalmente renuentes a quejarse de la discriminación, dicen seguir sintiendo oleadas de prejuicios no expresados en la vida diaria. Linda Hudson, quien pasó los cuatro últimos años como presidenta y directora general de BAE Systems, el brazo en Estados Unidos del gigantesco contratista global de defensa, ha sido durante décadas una líder en su industria, pese a lo cual nos dijo: "Sigo pensando que las cosas son de tal modo que, aun en el puesto que tengo ahora, la primera impresión de todos es que no estoy calificada para ocuparlo". "¿De veras?", preguntamos nosotras, desconcertadas. "Sí", insistió ella, y procedió a explicarnos la diferencia corporativa esencial entre hombres y mujeres: "Cuando un hombre entra a una sala, se da por supuesto que es competente hasta que demuestre lo contrario". Para las mujeres, dice, es al revés.

Hudson acababa de describir la realidad de la "amenaza de estereotipos".[11] Éste es un término parco y oficioso, pero su experiencia puede ser una soledad emocional exterminadora de la confianza. Dicho término fue acuñado a mediados de la década de 1990 por los psicólogos Claude

111

Steele y Joshua Aronson, interesados en entender por qué los universitarios afroestadunidenses seguían rindiendo por lo general menos que los blancos. Desde entonces, cientos de estudios han demostrado que también las mujeres rinden menos en áreas como ciencias y matemáticas, porque compiten en campos en los que, según los estereotipos, no son aptas. ¿Recuerdas el estudio de Harvard referido en el capítulo 1 en el que, si se les pedía mencionar su género, a las mujeres les iba peor en un examen de matemáticas? Éste es un ejemplo del poder de la amenaza de estereotipos, pero el problema es mucho más amplio. Se trata en esencia de un círculo corrosivo: cuando en una institución formamos parte de una minoría con un conocido estereotipo sobre su desempeño, nos sentimos presionadas a ajustarnos a él.

Y formar parte de una doble minoría puede ser terriblemente complejo. Tanya Coke, gran amiga de Claire desde la infancia, es una consumada promotora afroestadunidense de los derechos civiles. Ella ha reflexionado en lo que transmite cada vez que entra a una sala en la que hay desconocidos. "No es que yo tenga aprensión a competir, o una crisis de confianza en mis aptitudes", dijo. "Lo que ocurre es que estoy consciente de lo que la gente ve cuando entro a una sala. Sé que, hasta que me conoce, bien puede preguntarse: '¿Ella es competente?'. Sé que tendré que vérmelas con suposiciones, aun si son inconscientes e implícitas."

En cierto sentido, estar al tanto de estereotipos negativos se ha vuelto para ella una motivación. "Creo que reafirma mi intención de presentarme en forma enérgica", nos dijo Coke. "Sé qué retos enfrento."

Valerie Jarrett nos dijo algo muy similar. "Nunca me he sentido en desventaja por ser mujer o afroestadunidense", señaló, haciendo una pausa para sopesar su respuesta. "Por otro lado, es un hecho que mis padres me enseñaron que todo saldría bien en tanto trabajara el doble que los demás", y suelta una sonora carcajada. "Después me dijeron que no creían en ese consejo, pero que supusieron que me lo tenían que dar, porque era el mejor que tenían."

Para todas las mujeres, además, lo mismo que para los hombres, el marco legal de esas políticas es arcaico. Estados Unidos es uno de entre *sólo tres* de los ciento noventa países del mundo en no contar con una política nacional de ausencia pagada por maternidad.[12] A las nuevas madres se les concede un permiso de doce semanas, pero sin goce de sueldo. Esto pone a las estadunidenses en la misma categoría que a las mujeres de Suazilandia y Papúa Nueva Guinea. El excepcionalismo estadunidense suena bien en teoría, pero suele ser un mito duro y frío para las mujeres trabajadoras.

El más reciente informe global sobre la brecha de género del Foro Económico Mundial sitúa a Estados Unidos no en la cima, ni siquiera entre las diez principales naciones del mundo de acuerdo con una amplia serie de indicadores de igualdad de las mujeres.[13] Ese país ocupa el sitio número veintitrés, justo por debajo de Burundi. Y en términos de potenciación política de las mujeres, ocupa el miserable sitio sesenta. Es el primero en términos de extensión educativa, pero el número sesenta y siete en pago igual para ambos géneros, justo después de Yemen. Esta brecha da mucho que pensar.

No exponemos esto como excusa para no intentar nuevos retos, porque debemos tratar con el mundo tal como es al mismo tiempo que tratamos de cambiarlo. Aun así, ignorar siglos de tradición sería miope, por decir lo menos. Comprender el desafío —o la amenaza de estereotipos— que enfrentamos, como observó Tanya Coke, puede motivarnos a combatirlo.

Seguridad y espejos

Es imposible hablar de la seguridad de las mujeres e ignorar nuestra imagen en el espejo. Mantenemos una relación muy áspera y restrictiva con lo que vemos ahí. Como señala Marie Wilson, no sabemos usar el espejo como instrumento de esperanza o potenciación, dado que en él no aparecen esas futuras senadoras. En todas las edades, la apariencia física desempeña un papel desproporcionado en la forja de la seguridad de una mujer. Somos mucho más prestas para criticar nuestra apariencia que los hombres para criticar la suya. Los datos a este respecto son devastadores.

113

Un estudio internacional indica que noventa por ciento de las mujeres quiere modificar al menos un factor de su aspecto físico. Ochenta y un por ciento de las niñas de diez años temen ser gordas. Y sólo dos por ciento de nosotras creemos ser bellas.[14]

No se sabe qué ocurre primero, si el atractivo o la seguridad. ¿Las personas atractivas se sienten más seguras, o las personas seguras se creen más atractivas de lo que son? Lo que sí sabemos es que hay evidencias de que, en el trabajo y en la vida, a las mujeres se nos juzga más severamente que a los hombres por nuestra apariencia física.[15]

Tomemos el caso de la obesidad: las sanciones profesionales para hombres y mujeres respecto a este particular son muy distintas. Christy Glass, de la Utah State University, ha estudiado la obesidad en hombres y mujeres, examinando sobre todo su relación con el nivel educativo. Descubrió que las mujeres con sobrepeso tienen menos probabilidades que las demás de afiliarse a clubes, ser elegidas para equipos deportivos o ser incluidas en grupos sociales. Los maestros tienen menos expectativas académicas de las gordas. Pero no puede decirse lo mismo de los hombres con sobrepeso: ellos siguen siendo incluidos en equipos deportivos, salen con chicas y participan en todos los grupos sociales importantes. Los hombres obesos llegan a la universidad tanto como muchos otros, mientras que las obesas tienen menos probabilidades de hacerlo que las demás. Esto las ubica en una batalla prolongada. "Las mujeres que no satisfacen el estándar de belleza —los estándares sociales de belleza— carecen de recursos sociales indispensables", dice Glass. "Se les niegan los vínculos de las redes y se espera menos de ellas." Los gordos pueden beneficiarse incluso del efecto Tony Soprano: se les puede considerar poderosos, hábiles, competitivos e inteligentes. Pero las dimensiones de una mujer con sobrepeso se juzgan un reflejo negativo no sólo de su atractivo físico, sino también de su capacidad intelectual. Se le cree menos organizada, menos competente y carente de autocontrol.

El aspecto de las mujeres es complicado en todos los frentes. Cuando Marissa Mayer, directora general de Yahoo, apareció a plana entera en *Vogue* en 2013, algunos críticos sugirieron que no debía haber abandonado sus responsabilidades para posar para una revista de modas. Esto parece injusto; luzca como luzca una mujer, todo indica que no es posible que la dejen en paz.

Pero las mujeres no podemos evitarlo tampoco. Nuestra obsesión con nuestra apariencia física merma nuestra seguridad. El curso "Persuasive Communication" de Barbara Tannenbaum, coach de oratoria y apreciada profesora de la Brown University, es tan popular entre el alumnado que su aula siempre está al tope. El video es una herramienta importante en su clase. Pero ella ha descubierto que con la mayoría de las mujeres sólo puede usarlo en situaciones muy controladas. Regularmente graba los ejercicios de oratoria en clase para que sus alumnos puedan verlos y criticar el contenido de su actuación: si proyectaron fuerza suficiente, hicieron contacto visual, atrajeron la atención del público, ese tipo de cosas. Inicialmente, sin embargo, las mujeres no pueden ver nada de eso, dice Tannenbaum, porque lo único que les interesa es cómo lucen. "'Me veo demasiado gorda, fea, mi cabello es un desastre…' Es un gran problema", afirma. "Tengo literalmente que sentarme con ellas a revisar el video y contener su autocrítica. ¿Ya ven que hay bebés que a veces necesitan guantes para dejar de rascarse? Yo tengo que ser los guantes de mis alumnas." ¿Y los hombres?, preguntamos. Ellos dicen a veces que su suéter no les agrada, o que necesitan un corte de cabello, pero éste será un comentario fugaz que no les impide fijarse en las cosas importantes.

Heridas de seguridad autoinfligidas

Nuestra genética, escolaridad, formación, sociedad, apariencia: todos estos son factores que afectan nuestra seguridad en nosotras mismas. Sería fácil alzarse de hombros y culpar a esos obstáculos cuando nos quedamos cortas y no cumplimos nuestras metas. Fácil, pero equivocado. Porque nosotras mismas nos interponemos en nuestro camino. Cosas que nos hacemos como adultas menguan nuestra confianza. Cosas que quizá se nos inculcaron, pero que podemos cambiar.

115

Veamos algunos de los rasgos perniciosos que las mujeres tendemos a incorporar a la fuerza de trabajo. Podemos ser exquisitamente susceptibles en cuanto a nuestras relaciones con los demás y lo que piensan de nosotras. A diferencia de nuestros colegas, solemos ser más queridas que respetadas, lo que nos dificulta hacernos cargo de las duras negociaciones laborales. El riesgo psíquico de molestar a alguien es inmenso. Claire admite que ser querida es esencial para ella, una necesidad que le parece casi imposible de superar. "Ni siquiera sé por qué necesito que la gente piense que soy una buena persona, o cuándo empezó esto. Pero toda sugerencia de que mis jefes, colegas o hasta amigos podrían están molestos conmigo o decepcionados de mí pone en marcha horas de preocupación. Últimamente, a raíz de nuestra investigación, he comprendido que preocuparse por esas cosas es lo contrario a la seguridad."

(Al mismo tiempo, como expone Sheryl Sandberg en *Lean In* [Arrójate], los estudios indican que la simpatía es crucial para el éxito de ambos géneros, más todavía para las mujeres, de quienes se *espera* que lo sean. Éste es un doble y de hecho un triple ciego, si lo hay. El afán de agradar puede destruir la confianza, pero agradar es importante. Sin embargo, el empeño de gustar nos puede impedir seguir estrategias más agresivas que nos sacarían adelante.)

¿A cuánto exactamente asciende el costo de nuestra necesidad de agradar? Ubiquémoslo en cinco mil dólares, para empezar. Al fin te graduaste, con un grado de maestría además, y una prestigiosa corporación multinacional te ofrece empleo. El sueldo no es muy alto, pero, ¡oye!, eres muy joven, apenas comienzas. Después de todo, no tienes experiencia todavía, ni la suerte de disponer de otra oferta de trabajo. No quisieras molestar a nadie pidiendo más dinero. Podrás reírte, pero sabes que esto es cierto. Es la pista sonora de demasiadas jóvenes que emprenden su vida laboral. Pero el chico del cubículo de junto no pensó así. Y por eso es probable que gane cinco mil dólares más que tú.

Un estudio de graduados recientes de la Rutgers University confirmó las investigaciones mencionadas en el capítulo 1. Determinó que ésa es la brecha promedio de pago entre hombres y mujeres en sus cinco primeros años después de la universidad y que aumenta al paso de los años, porque las mujeres no piden un salario más alto.[16]

Si nos asusta la mera perspectiva de irritar moderadamente a alguien, no es de sorprender que ser criticadas nos aterre tanto. No es de sorprender, pero sí sumamente restrictivo. Si no estás dispuesta a que se te critique, es posible que evites proponer ideas osadas o correr cualquier otro riesgo. Piensa en Rebecca, la ya citada asistente de publicidad, conteniendo las lágrimas en su cubículo sólo porque su jefa había criticado algo relativo a su trabajo.

Tampoco nosotras somos inmunes a esta debilidad. Katty se dio cuenta de lo mal que manejaba las críticas cuando empezó a recibir gran número de ellas en línea, muy públicamente. Hoy, tuitear es casi un requisito para los periodistas, y cuando ella abrió su cuenta de Twitter, las reacciones de sus seguidores la dejaron pasmada. "En Twitter, la gente parece amarme u odiarme; y cuando me odia, me odia. Recibo incalculables insultos de personas que dicen que soy una idiota que no sabe nada de política estadunidense y que debería regresar a Gran Bretaña. ¡Alguien incluso me deseó la muerte!" Esto fue muy desconcertante al principio y casi bastó para hacerla desistir. "Pero terminé por acostumbrarme. Tal vez porque había tanto material, desarrollé cierto grado de insensibilidad. Ahora me parece casi divertido. ¡El tuit que decía: 'Me importa un pepino lo que pueda pensar una britaniquita neurótica y rojilla' es uno de mis favoritos! Algo bueno de las redes sociales es que aprendes rápido que no puedes agradar a todos todo el tiempo."

Otro hábito inútil que la mayoría de nosotras tenemos es pensar demasiado. Pasamos mucho tiempo socavándonos con ciclos tortuosos de autorrecriminación absurda. Esto es lo contrario de pasar a la acción, piedra angular de la seguridad. Hay una palabra formal para ello: cavilar. Cavilamos mucho más que los hombres; pero si queremos generar confianza, tenemos que salir de nuestra cabeza.

Susan Nolen-Hoeksema, psicóloga de Yale, dedicó décadas a explicar los peligros de cavilar en exceso.[17] Sus estudios ilustran que las mujeres tendemos a hacer hincapié en los problemas más que en las soluciones:

a darle vueltas y vueltas a por qué hicimos tal cosa, cuán bien o (más a menudo) cuán mal lo hicimos y qué pensaron de ello los demás. Nuestra capacidad intensiva para rumiar, alegó, puede exponernos a ansiedad y depresión. "En las cuatro últimas décadas, las mujeres hemos experimentado un aumento sin precedente en independencia y oportunidades", escribió Nolen-Hoeksema en su libro *Women Who Think Too Much* (Las mujeres que piensan demasiado). "Tenemos muchas razones para sentirnos satisfechas y confiadas. Pero cuando hacemos una pausa en nuestras actividades diarias, a muchas nos invaden preocupaciones, pensamientos y emociones fuera de control, lo que agota nuestra energía y nos desgasta emocionalmente en altísimo grado. Somos víctima de una epidemia de pensar demasiado."

Antes de morir, en 2013, Nolen-Hoeksema ligó la cavilación con el hecho de que, natural o sociológicamente, las mujeres nos inclinamos más que los hombres a conceder mucho peso a nuestras relaciones emocionales. Claro que nuestra atención a las relaciones es también una de nuestras mayores fortalezas; es lo que nos vuelve tan aceptables como amigas. Pero minamos ese atributo positivo cuando hacemos girar demasiado rápido nuestras ruedas emocionales. Los gerentes dicen que esta tendencia nuestra a pensar demasiado constituye un gran obstáculo. Desde su privilegiada posición al mando de BAE Systems, eso frustraba en extremo a Linda Hudson. Al paso de los años, ella ha dirigido a miles de hombres y mujeres y descubierto el mismo fenómeno que Mike Thibault, el entrenador de las Mystics: "Los hombres tienden a olvidar, a permitir que las cosas se les resbalen. Las mujeres tienden a ser más reflexivas: '¿Qué hice mal?', en vez de pensar que las circunstancias no les favorecieron y seguir adelante".

Éste es no sólo un problema profesional. Por desgracia, nuestra propensión a cavilar no es selectiva. Lo hacemos en nuestra vida personal tanto como profesional. ¿Cuán a menudo te has distanciado mentalmente de relaciones con amigos o parejas, debilitando así algo que en realidad era muy sólido? ¿Cuán a menudo has pasado demasiadas horas cuestionando una decisión tan simple como si hacerte o no un nuevo corte de pelo?

Éste fue otro diagnóstico que nos resultó demasiado familiar. Mientras escribíamos este capítulo, Katty cayó en una espiral de autorrecriminación. Algo había marchado mal en el trabajo, había un nuevo jefe y ella estaba segura de que lo había defraudado al negarse a cubrir un turno de fin de semana. Al llegar a casa, pasó no horas sino días martirizándose por eso. "Pasé despierta más de una noche pensando: 'No debí hacerlo. Fue una mala decisión. ¡Qué tonta!'. Sabía que era un asunto menor y que lo olvidaría; ni siquiera estaba segura de que él lo hubiera notado, pero podía pensar en muy buenas razones de haber preferido el artículo que hice, pese a lo cual no podía parar la cinta. ¡Me estaba volviendo loca!"

¿Alguna vez has notado que las mujeres solemos ser muy buenas para echarnos la culpa de cosas que salieron mal y para atribuir nuestros éxitos al destino, a otros o a cualquier cosa menos a nosotras? Quizá también hayas notado que los hombres hacen lo opuesto. Las historias que nos contamos sobre las raíces de nuestro éxito y fracaso son el fundamento de la seguridad en nosotras mismas.

Dave Dunning, el psicólogo de Cornell University, nos dio un ejemplo que ilustra a la perfección cómo la tendencia a personalizar los reveses en exceso socava la confianza de las mujeres. En cierto momento del doctorado en matemáticas de Cornell, refirió Dunning, el curso se pone inevitablemente difícil. Es un doctorado en matemáticas, después de todo. Lo que él advierte es que los hombres que lo toman reconocen el obstáculo como lo que es y reaccionan a sus malas calificaciones diciendo: "¡Vaya, qué curso más difícil!". Esto se conoce como *atribución externa* y suele ser un signo saludable de resistencia.[18] Las mujeres tienden a responder de otra manera. Cuando el curso se pone difícil, su reacción es: "Sabía que no iba a poder con esto". Ésta es atribución interna y, junto con el fracaso, puede ser extenuante. El problema es entonces su inteligencia, no el curso, pese a lo mucho que se hayan esmerado, dice Dunning.

Victoria Brescoll ve en acción la otra cara de la moneda en la diferencia entre hombres y mujeres al buscar su primer empleo. Cuando un joven solicita un puesto y no lo consigue, dice Brescoll, su reacción es culpar al proceso: "No revisaron imparcialmente mi solicitud", o "Éste es un momento difícil para buscar trabajo". La reacción automática de una mujer es personal: "¡Ya se dieron cuenta de que no soy competente!". ¿Quién tiene más probabilidades de volver a intentarlo? Los varones observados por Dunning y Brescoll habían hallado una excelente manera de lidiar con los reveses. Emocionalmente, ésta puede ser poco realista —nada menos que una negación—, pero la siguiente vez que ellos tropiecen con un reto ligeramente más allá de su alcance, estarán en una posición psicológica mucho más firme para enfrentarlo. Las mujeres se dirán que no tiene sentido intentarlo, porque su fracaso previo demuestra que no son lo bastante valiosas. Los hombres harán caso omiso de ese fracaso, considerándolo consecuencia inevitable de fuerzas externas, sin nada que ver con su aptitud. El resultado es que su seguridad permanece intacta.

No obstante, entre todas las cosas retorcidas que las mujeres hacemos para socavar nuestra confianza, nosotras descubrimos que el afán de perfección es la más agobiante. Si la perfección es tu norma, nunca te sentirás del todo segura, porque la barra estará siempre demasiado alta y te creerás insuficiente de modo inevitable y rutinario.

El perfeccionismo nos impide actuar, además. No contestamos preguntas hasta que estamos completamente seguras de la solución, no presentamos un informe hasta haber corregido *ad nauseam* cada línea y no nos inscribimos en ese triatlón a menos que sepamos que somos más rápidas y aptas de lo que se requiere. Vemos a nuestros colegas arrojarse mientras nosotras nos contenemos hasta creer que estamos perfectamente preparadas y calificadas.

Por eso no nos sorprendió saber que abundantes estudios demuestran que éste es un padecimiento en gran medida femenino, del que contagiamos al resto de nuestra vida.[19] Las mujeres nos obsesionamos con nuestro desempeño en la casa, la escuela, el trabajo, los asuetos e incluso el curso de yoga. Nos obsesionamos como madres, esposas, cocineras, hermanas, amigas y atletas. La ironía es que el perfeccionismo inhibe el éxito. Bob Sullivan y Hugh Thompson, autores de *The Plateau Effect* (El efecto meseta), lo llaman el "enemigo de lo bueno", ya que desemboca en pilas de trabajo inútil e inconcluso y horas perdidas, pues, en pos de él, aplazamos las tareas difíciles hasta estar perfectamente preparadas para acometerlas.[20]

Aun la profesora Brescoll, familiarizada con las investigaciones al respecto, tiene dificultades para controlar su tendencia a la perfección. A los académicos se les juzga por lo mucho que publican y las prestigiosas publicaciones de revisión colegiada en que aparecen sus trabajos. Brescoll confiesa que ella suele tardar mucho más que sus colegas para proponer un artículo, resuelta a hacer las cosas muy bien antes de apretar el botón Enviar. A veces apunta más abajo y envía el artículo a una revista menor. "Debo estar muy segura antes de correr el riesgo de presentar un trabajo mío. Mis compañeros, en cambio, envían sus cosas sin más ni más, se arriesgan. A veces les funciona, a veces no", dice, "pero al final su estrategia es más eficiente, porque redunda en un volumen mayor."

Con tantos obstáculos autoimpuestos contra la seguridad, lo que sorprende es que tengamos un poco de ella. Pero la transformación suele ser muy sencilla. Brescoll ha aprendido, por ejemplo, que si se limita a presentar sus trabajos sin pensar obsesivamente en ellos, suceden cosas. Se les acepte o no, ella ha aprendido a valorar los comentarios de rechazo. Esto le permite hacer correcciones y volver a intentarlo tiempo después. Este ciclo engendra excelencia y maestría, nos permite rebasar nuestros límites y genera seguridad en nosotras mismas.

Justo cuando llegábamos a la alentadora conclusión de que muchas de las razones de que las mujeres tengamos menos confianza son factores que podemos controlar, y por lo tanto disminuir, una amiga nos puso en una dirección inesperada. Siendo médica, nos sugirió examinar las diferencias de género en la biología y operación del cerebro. Rezongamos en silencio. En nuestra investigación sobre algunas de las principales influencias genéticas en la seguridad no habíamos hallado diferencias manifiestas entre hombres y mujeres. Las variaciones genéticas que examinamos, las cuales influyen en transmisores como la serotonina y la oxitocina, se distribuyen en igual medida entre los géneros, nos dijeron. Francamente, nos alegró detenernos ahí. La idea de que los cerebros masculino y femenino pudieran no funcionar exactamente de la misma manera parecía demasiado complicada, quizá tendenciosa, pero también innegable. Tras pensarlo bien, concluimos que era obvio que nuestro cerebro opera de modo diferente. Acabábamos de pasar meses investigando cómo. Las mujeres cavilamos, empollamos las cosas, queremos entenderlo bien todo, así como complacer y agradar. Ambas nos dimos cuenta de que teníamos que ensanchar nuestra perspectiva de la información científica en la base de la seguridad. Habíamos identificado diferencias conductuales clave que afectan la confianza, pero ¿qué ocurre realmente dentro de nuestra cabeza que pudiera intervenir en esto?

Es importante materia dónde la materia está

La mera sugerencia de que los cerebros masculino y femenino podrían estar hechos y funcionar de modo único ha sido un tema tabú desde hace tiempo, debido en gran medida a que las mujeres solíamos pensar que toda diferencia sería usada en nuestra contra.[21] Esto es así porque, en efecto, durante décadas, si no es que siglos, las diferencias (reales o imaginarias) a este respecto se *utilizaron* contra nosotras. Sin la menor evidencia, se nos creía malas para pensar. Y este tema sigue produciendo grandes sacudidas. Apenas en 2006, Larry Summers, entonces presidente de Harvard, se vio envuelto en una controversia al sugerir, con base en la lectura de investigaciones, que podía haber diferencias innatas entre hombres y mujeres en lo tocante a logros científicos. La molestia que esos comentarios produjeron fue tan perdurable que lo obligó a renunciar.

Así que despejemos el ambiente: los cerebros masculino y femenino son mucho más semejantes que distintos. Podrías ver el escáner de dos cerebros seleccionados al azar sin distinguir claramente el masculino del femenino.[22] En términos de producción intelectual, las diferencias son nimias, aunque esto no quiere decir que no las haya; y algunas de ellas, en estructura, química y materia, quizá dan origen a patrones singulares de pensamiento y conducta, con evidente influencia en la seguridad.

En términos de tamaño, los hombres superan a las mujeres. Su cerebro es más grande y pesado en relación con el tamaño de su cuerpo.[23] ¿Esto significa que el cerebro masculino es mejor? No. Las pruebas de CI son básicamente iguales para los dos sexos, aunque en algunos indicadores los hombres tienden a obtener resultados más altos en matemáticas y habilidades espaciales y las mujeres en artes del lenguaje.[24]

Un estudio de Harvard detectó diferencias peculiares en la distribución de la materia cerebral, lo que sugiere métodos sumamente distintos de procesar información.[25] Las mujeres suelen tener el grueso de su materia celular cerebral en la corteza frontal, sede del razonamiento, y otro poco en la corteza límbica, el centro emocional. Los hombres tienen menos de la mitad de su materia celular cerebral en la corteza frontal; la suya tiende a esparcirse por todo el cerebro.

Existen dos tipos de materia cerebral, la gris y la blanca. Los hombres tienen más materia gris, útil para problemas aislados, y las mujeres más materia blanca, crítica para integrar información.[26] Es casi como si la evolución hubiera diseñado nuestros cerebros para llegar a destinos igualmente complicados por caminos completamente distintos, nos dijo el neurólogo Fernando Miranda, experto en trastornos de aprendizaje.

Para el doctor Jay Lombard, el neurólogo de Genomind, la evidencia más convincente de que hay diferencias materiales en los cerebros masculino y femenino procede de una serie de estudios con tecnología de imagenología de difusión de extensores (IDE).[27] Estos escáneres se juzgan crecientemente útiles para estudiar la funcionalidad, porque son capaces de representar la conectividad del cerebro. En esencia, la IDE puede estudiar la integridad de nuestra materia blanca, el tejido básico que fomenta las interrelaciones. Un puñado de estudios determinaron que la materia blanca de las mujeres suele funcionar mejor, y en lugares importantes como el cuerpo calloso, la autopista central entre los hemisferios izquierdo y derecho del cerebro.[28] El doctor Lombard cree que esto podría explicar por qué las mujeres trabajan más fácilmente con ambos lados del cerebro. Miranda piensa que la materia blanca podría ser la razón de que las mujeres tiendan a ser más rápidas para hacer múltiples conexiones mentales y más hábiles para el razonamiento amplio. "Estos trabajos se hallan todavía en sus primeras etapas", dice Lombard, "pero es indudable que existen diferencias significativas."

Un psiquiatra importante, el doctor Daniel Amen, peinó recientemente cuarenta y seis mil escáneres cerebrales con SPECT, que mide el torrente sanguíneo y patrones de actividad.[29] También él encontró diferencias notables entre los géneros, y escribió el libro *Unleashing the Power of the Female Brain* (Cómo liberar el poder del cerebro femenino). Cabe señalar que Amen ha hecho una exitosa y lucrativa carrera popularizando teorías del cerebro. Es autor de treinta libros, varios de ellos best sellers, y se le invita con regularidad al programa de televisión *The Dr. Oz Show*. Algunos críticos creen que exagera la importancia de sus hallazgos. Nosotras comparamos detenidamente su trabajo con otros estudios, hablamos sobre ellos con varios expertos y nos encontramos con que aun sus detractores creen que sus investigaciones son importantes. Parte de ellas era notablemente relevante para nuestra indagación.

Amen descubrió que el cerebro femenino es más activo en casi todas las áreas que el masculino, en especial en las zonas ya mencionadas, las cortezas prefrontal y límbica. Un estudio sugiere que, en cualquier momento, las mujeres tenemos treinta por ciento más neuronas encendidas que los hombres. "La actividad en estas regiones podría indicar fortalezas femeninas como empatía, intuición, colaboración, autocontrol y preocupación apropiada", nos dijo Amen, "aunque las mujeres también son más vulnerables a la ansiedad, la depresión, el insomnio, el dolor y la dificultad de dejar de pensar." En otras palabras, los escáneres de Amen parecen exhibir, físicamente y en proceso, nuestra tendencia a pensar demasiado, a la cavilación. "Cuando la corteza prefrontal trabaja en exceso, como suele hacerlo en las mujeres", explica, "es como si el freno de mano estuviera puesto siempre y pudieras demorarte en ciertos pensamientos y conductas, como preocupaciones o rencores." Cree asimismo que su estudio prueba que las mujeres piensan más que los hombres, lo cual podría contar a nuestro favor. Por eso somos mejores para la multitarea, dice. Pero eso podría desembocar asimismo en la bola de nieve del pensamiento negativo y la ansiedad. "Es útil en dosis reducidas", dice Amen, "pero después deriva en preocupación y estrés hasta un punto en que ya no pueden detenerse", de aniquilación de la seguridad.

Mientras nosotras examinábamos otras diferencias estructurales, obtuvimos más información sobre los centros primitivos de temor, las misteriosas amígdalas. Para comenzar, todos tenemos dos, no una, y hacen cosas diferentes. Una se asocia con la ejecución de acciones externas a raíz de emociones negativas y la otra con el empleo de procesos del pensamiento y la memoria en respuesta al estrés. Y sí, adivinaste: los hombres se apoyan más en la amígdala relacionada con la acción, mientras que las mujeres tendemos a activar más fácilmente la de la memoria/emoción.[30] Esto es reflejo, en la estructura cerebral, de la noción de que los hombres responden con acción a situaciones desafiantes o amenazadoras, mientras que las mujeres favorecemos mecanismos internos.

Añádase a eso un nuevo estudio de la McGill University, en Montreal, que demuestra que las mujeres producimos en el cerebro cincuenta y dos por ciento menos serotonina que los hombres; como recordarás, ésta es la hormona decisiva que contribuye a mantener bajo control la ansiedad y la amígdala.[31] Al abundar en el tema de las mujeres y los niveles de serotonina, nos enteramos de muchas cosas que habríamos preferido no saber. Aunque nacemos con la variación de serotonina de hebra corta en igual medida que los hombres, resulta que niñas y mujeres responden diferente a esa variante. Cuando las mujeres reciben las hebras cortas, son más propensas a la ansiedad que los hombres. Algunos estudios apuntan al mismo resultado respecto a las mujeres y la variante COMT, que controla la dopamina. Cuando recibimos la variedad "aprensiva", es más probable que seamos muy ansiosas.

Mientras concluíamos que la máquina de pensar de una mujer está lejos de ser perfecta para generar seguridad, descubrimos una diferencia física más que nos pareció particularmente aborrecible. Una pequeña parte de nuestro cerebro, llamada *circunvolución cingulada*, nos ayuda a sopesar opciones y reconocer errores; hay quienes la llaman el centro de la preocupación. Y, claro, es más grande en las mujeres que en los hombres.[32]

"¡Fantástico!", pensamos. "Qué maravilla saber que tenemos un *departamento especial* para ese hábito tan útil." Resultaba exasperante obtener confirmaciones de que somos justo las maniáticas preocuponas de las que nuestros maridos se burlan a veces. Cabe enfatizar que hay muchos aspectos positivos en nuestro comportamiento cerebral. En términos evolutivos, teníamos que ser cautelosas y preocuponas, siempre al acecho de amenazas. Estamos soberbiamente hechas para eso. No obstante, hoy esas herramientas podrían no ser tan útiles ni agradables.

Una diferencia crucial nuestra *es* una clara ventaja en la vida moderna: tendemos a usar ambos hemisferios cerebrales con más regularidad que los hombres, combinando el lado izquierdo, sede de las habilidades matemáticas y lógicas, con el derecho, donde residen las habilidades artísticas y emocionales. Ésta es la base científica de la aptitud femenina para la multitarea. Laura-Ann Petitto nos dijo que el uso bilateral del cerebro es más eficaz, más avanzado en términos cognitivos. Esta noticia nos gustó (aunque resolvimos no soltarla en casa).

Algunas de esas diferencias cerebrales determinantes comienzan antes de que nazcamos. Un estudio de investigadores israelíes que examinaron por ultrasonido los cerebros masculino y femenino en el útero detectó diferencias desde las veintiséis semanas.[33] En el más grande estudio en curso sobre desarrollo cerebral en niños, los National Institutes of Health han documentado que, a los once años, ya priva un gran abismo no sólo entre la manera de pensar de niños y niñas, sino también en su capacidad.[34] En esencia, ellos están muy por debajo de ellas tanto en aptitudes del lenguaje como en procesamiento emocional, mientras que ellas lo están en habilidad espacial.[35] La diferencia anatómica en capacidad suele resolverse para los dieciocho años, pero, de no comprendérsele atinadamente, esa brecha bien puede reforzar estereotipos en una edad crítica para el aprendizaje. Es explicable entonces que, a los dieciséis, una chica pueda concluir que es mala para las matemáticas, o un chico que nunca entenderá a Shakespeare. Pero si sencillamente esperaran a que sus hormonas se asienten al final de la adolescencia o poco después de cumplir los veinte, el funcionamiento cerebral necesario tanto para las matemáticas como para Shakespeare estaría en regla en unos y otras.

La arriesgada cuestión de la testosterona

Nosotras habíamos supuesto que la testosterona y el estrógeno eran en esencia los célebres arquitectos de la diferencia de género. Un tanto exhibicionistas, ególatras y sobreexpuestos, imponen un respeto enorme, y por una buena razón. Todos sabemos que son la fuerza en la base de muchas de las diferencias fundamentales y expresas entre hombres y mujeres.

Pero no creímos que estuvieran significativamente involucrados en los detalles; en la intrincada creación de algo tan complicado como la seguridad. Ciertamente, pensamos, nuestras diferencias de confianza no pueden provenir de una fuerza tan elemental. Pero esas hormonas parecen ser actores centrales también aquí. La testosterona, en especial, contribuye a alimentar lo que suele parecer la clásica seguridad masculina. Tras la pubertad, los hombres tienen diez veces más testosterona circulando en su sistema, y esto afecta todo, de velocidad a fuerza, tamaño muscular e instinto competitivo.[36] La testosterona es la hormona que dirige la atención a ganar el juego y demostrar poder, en vez de sintonizar y cooperar con los demás.[37]

La testosterona también se correlaciona intensamente con la asunción de riesgos. Varios estudios recientes han ligado la testosterona alta con la inclinación a ignorar señales tradicionales de riesgos.[38] Nosotras detallamos uno de ellos, fascinante, por cierto, en nuestro libro anterior, y cada vez que lo mencionamos en una presentación suscitamos risas nerviosas. Científicos de la Cambridge University siguieron a diecisiete operadores bursátiles de la bolsa de valores de Londres, todos ellos de alto rendimiento, durante una semana. Los sujetos disponían de sueldos elevados; muchos de ellos recibían bonos de hasta cinco millones de dólares. Los investigadores midieron sus niveles de testosterona usando muestras de saliva al principio y final de sus actividades cotidianas. En días en que los operadores comenzaban con niveles de testosterona más altos, hacían transacciones más arriesgadas.[39] Y cuando esto rendía frutos, sus niveles de testosterona no subían: se disparaban. Un operador que duplicó su cuota vio casi duplicarse su nivel de testosterona al mismo tiempo. La testosterona aviva la asunción de riesgos, y ganar genera más testosterona aún. Esta dinámica, llamada "efecto ganador", puede ser peligrosa. Los animales pueden volverse tan agresivos y confiados después de ganar que podrían correr riesgos fatales, como detenerse a descubierto, incitando a otros animales a atacarlos.

Niveles más altos de testosterona se vinculan con una sensación de poder. Cuando se pide a mujeres sentarse como suelen hacerlo los hombres —ocupando más espacio, estirando piernas y brazos—, sus niveles de testosterona aumentan. Las poses de poder son un instrumento común en cursos de comunicación. Barbara Tannenbaum las emplea en todas sus presentaciones. Inicia la sesión pidiendo a los hombres sentarse como mujeres y a las mujeres sentarse como hombres. Luego de años de hacer esto, tiene dos observaciones: primero, este ejercicio siempre causa risa. Segundo, nadie le pregunta qué persigue; todos lo saben. Los hombres suelen decir que resulta muy incómodo sentarse con las piernas cruzadas y el cuerpo encogido. ("Intenten hacerlo en Spanx y tacones", dice ella, en broma.) Las mujeres, en cambio, parecen liberadas por la pose poco habitual. Un día en que Tannenbaum hizo este ejercicio en una preparatoria en la India, una mujer, tras separar las piernas y recostarse en su silla, soltó: "¡Me siento un rey cuando me siento así!". *Seguridad de reyes*: eso es lo que quisiéramos para todas.

Pero la testosterona tiene un inconveniente. Esta hormona egocéntrica se asocia siempre con incapacidad para percibir el punto de vista ajeno. Cuando en tu cuerpo circula mucha testosterona, te interesa menos sintonizar y cooperar.[40] Esto no es bueno para los negocios modernos, tan dependientes de la comunicación con quienes nos rodean. Los hallazgos de cierto experimento sugieren que también las mujeres podemos ser víctima de los peligros de la testosterona.[41] Divididas en dos grupos, a las treinta y cuatro mujeres en ese estudio se les pidió trabajar en pares para examinar la claridad de ciertas imágenes en computadora. Algunas de ellas eran muy claras; otras no. Si las participantes discrepaban en qué imagen era más nítida, tenían que colaborar y llegar a un acuerdo sobre la respuesta final. El primer grupo recibió un suplemento de testosterona; el segundo no. Y, en efecto, las mujeres con testosterona fueron menos capaces de colaborar y se equivocaron más a menudo.

El principal motor hormonal de las mujeres es, desde luego, el estrógeno, el cual promueve inclinaciones muy distintas a las de la testosterona.[42] El estrógeno alienta la vinculación y la sintonía; da sustento a la sección de nuestro cerebro que implica habilidades y observaciones sociales. Esto es parte de lo que nos impulsa a evitar el conflicto y el riesgo, pero en ocasiones podría estorbar la acción segura.

Sin embargo, en el estrógeno también hay sustanciales ventajas de desempeño. Una decisión rociada de testosterona no siempre es mejor. Los grandes riesgos consecuentes suelen derivar en fracasos espectaculares, como lo atestigua la economía mundial. En efecto, varios estudios sobre estrategias de administradores de fondos de cobertura demuestran que adoptar una visión de largo plazo y operar menos puede dar mejores resultados. Un estudio en particular nos hizo pensar en cómo sacar provecho de nuestras fortalezas naturales. Los investigadores descubrieron que las inversiones a cargo de administradoras de fondos de cobertura alcanzaron rendimientos tres veces mejores que las gestionadas por administradores en los últimos cinco años. Además, las mujeres perdieron mucho menos dinero que los hombres en el fatídico año 2008.[43]

¿Cuáles son entonces las implicaciones de todos esos estudios sobre el cerebro para la búsqueda de más seguridad? Bueno, hay noticias buenas y malas. La tendencia hormonal de las mujeres a evitar el riesgo y el conflicto puede inducir demasiada cautela. Nuestro laborioso mecanismo de procesamiento cerebral podría convertirse en una vorágine de cavilación e indecisión.

La ciencia sugiere asimismo que las mujeres podemos ser sumamente exitosas. Nuestra estructura cerebral implica que nos gusta hacer bien las cosas, formarnos juicios sólidos y reducir al mínimo los malos impulsos. Nuestra inversión biológica en las emociones nos vuelve buenas para percibir dificultades, comprender los problemas ajenos y perseguir reconciliaciones y soluciones. Y nuestro muy integrado cerebro indica que podemos tomar gran cantidad de datos y procesarlos rápidamente. Dando un paso atrás, nos dimos cuenta de cuánto de esto coincide con lo que nosotras vemos en nuestra conducta. Acabábamos de descubrir la acción tras bastidores.

No obstante, la pregunta esencial por responder acerca de todas estas variaciones de género es si los cerebros masculino y femenino están *programados* para desarrollarse de ese modo. Quizá algunas de esas diferencias físicas sean producto de la forma en que se nos educa. ¿Las mujeres tenemos más materia blanca conectiva porque la usamos más al crecer? ¿Tenemos más porque durante *siglos* hemos crecido usándola más? Los científicos distan todavía de disponer de una explicación completa, aunque no hay que olvidar que evidencias crecientes de todos los trabajos sobre la plasticidad del cerebro sugieren que éste puede cambiar en respuesta al entorno en el curso de nuestra vida.[44] Nosotras hallamos un estudio asombroso en el que se descubrió que el nivel de testosterona declina en los hombres cuando pasan más tiempo con sus hijos.[45] (Las implicaciones de esto bien valen la pena más análisis.)

Sea cual fuere la relación causa y efecto, este vínculo entre la estructura del cerebro y la conducta nos pareció sumamente útil como ejercicio de visualización. Para nosotras fue una instantánea del mecanismo interno en probable operación cuando vemos patrones conductuales comunes. Así, empezamos a tomar más en serio nuestro hábito de cavilar, aunque podíamos darnos un receso psicológico de él, sabiendo que podrían estar implicadas fuerzas mayores.

También pudimos enfrentar con un poco más de ecuanimidad y menos emoción el hecho de que hombres y mujeres actúan en formas curiosamente distintas. Pensamos, por ejemplo, que todas esas investigaciones podrían explicar por qué los hombres que conocemos parecen poder sacudirse sus desacuerdos con los demás mucho más fácil que nosotras. Ambas lo vemos en nuestros esposos. Pelean con un amigo y ¡puf!, minutos después la tensión ha desparecido. Mientras nosotras perdemos semanas enteras preocupadas y con sentimientos heridos, ellos tienen una discusión violenta un día y dos más tarde apenas si recuerdan lo ocurrido.

Salimos de nuestro examen de la biología del cerebro asombrosamente potenciadas. Nuestra manera de pensar y comportarnos no es mala, más bien es comprensible. Al menos fue así como decidimos verla, valiéndonos de la autocompasión. Lo único que tenemos que hacer es poner a trabajar más a nuestro favor nuestras inclinaciones naturales.

Nos sentimos asimismo sumamente versadas en nuestros retos. Podría decirse incluso que experimentamos una gratificante sensación de dominio sobre los problemas sociales, la ciencia y los patrones de conducta que afectan la seguridad. Completamente armadas, estábamos listas para pasar al tema de la creación de la seguridad.

5 La nueva educación

La madre de Jane la llevó a la escuela el primer día de clases; de una cuerda en el cuello de Jane colgaba la llave de su casa. Ella sabía que, terminadas las clases, tendría que volver sola sobre sus pasos, entrar al departamento y esperar hora y media la llegada de su hermana mayor. Estaba aterrada, y recuerda haber llorado de miedo de que algo pudiera salir mal. Pero lo logró y, después de ese primer día, hizo aquel viaje solitario una y otra vez. Tenía cuatro años y medio de edad.

"A los seis ya estaba en las Girl Scouts y supe que sería líder porque ya hacía todas las cosas difíciles", dice ahora. "Mi madre no había mostrado temor; se limitó a decirme que sabía que yo podía regresar sola a casa. Forjé mi seguridad adulta haciendo cientos de esas cosas pequeñas. No naces con ella. La creas. Yo creé la mía por mí misma."

Cuando oímos esa historia por primera vez nos desconcertó, por decir lo menos. ¡Sola! ¡A los cuatro años y medio de edad! ¡Lo que no pudo haber pasado! ¿Qué clase de crianza es ésa? Tal vez la correcta. Comprendimos así que la adquisición de la seguridad verdadera requiere un tipo de educación radicalmente nuevo, de nosotras y nuestros hijos. Demanda algo más que sólo elogios, amor, abrazos y facilitarles las cosas a ellos y a nosotras mismas. Demanda algo más que la mera búsqueda de buenas calificaciones y perfección. Nada de esto está en marcha ahora, no ciertamente para las mujeres. La conclusión de la historia de Jane sugiere que es muy probable que su madre le haya hecho un gran favor.

133

Jane Wurwand, ya plenamente adulta, es la fundadora de Dermalogica, compañía dedicada al cuidado de la piel. Es una británica que la ha hecho en grande en Estados Unidos, con un poco de ayuda y mucha determinación. En la actualidad vive en Los Ángeles, con su esposo y sus dos hijas adolescentes. Hace veinte años, su seguridad le permitió correr un riesgo sustancial. Luego de ver rechazadas múltiples solicitudes de préstamo, invirtió sus ahorros de toda la vida, catorce mil dólares, en una compañía que llegaría a ser una marca global con ventas de miles de millones de dólares y más de cincuenta oficinas en todo el mundo. Como ella misma dice, sonriendo: "No está nada mal para una joven con apenas un diploma de una academia de belleza de una modesta ciudad de Inglaterra".

La pequeña Christine enfrentó casi el mismo reto y más responsabilidad aún. Tenía cuatro años cuando de ella se esperaba ya que fuera la niñera de sus hermanos menores. Si sus padres tenían planes para salir en Le Havre, donde vivían, en el norte de Francia, simplemente le decían: "Vamos a salir, cuida a tus hermanos". Ella narra la historia de una noche particular en la que sus padres fueron a un concierto y la dejaron a cargo, diciendo que regresarían a las once. La hora llegó y se fue, y nada de padres. Christine encendió todas las luces de la casa para no sentir miedo y subió a cuidar al bebé. Cuando, al fin, sus padres llegaron, la encontraron leyendo acurrucada un libro de cuentos en la recámara de su hermanito. No había motivo de alarma, pensaron los padres; sencillamente habían decidido demorarse un rato después del concierto, ¿por qué no iban a hacerlo? Todo lo que Christine, de cuatro años, les dijo fue: "Bueno, llegaron un poco tarde".

Hoy, la directora ejecutiva del FMI Christine Lagarde ríe del absurdo de que sus padres hayan dejado a una niña tan pequeña al cuidado de sus hermanos. Pero no cabe duda de que los padres de otra generación, y tal vez de culturas diferentes, seguían un método de no intervención preferible en muchos sentidos para sus hijos a la moderna intromisión estadunidense. Lagarde dice, con absoluta convicción, que sus padres crearon de ese modo un ciclo de prueba, responsabilidad y éxito que le ayudó a forjar la confianza que hoy ejerce en un escenario mundial. Pero las cosas no terminaron con el cuidado de sus hermanos. Cuando Christine tenía dieciséis años, su madre la dejó a la orilla de una autopista para que fuera de aventón a Lyon, a seis horas de distancia, a visitar a unos amigos. A los veinte, Christine fue enviada sola a Estados Unidos, armada sólo de un boleto de avión y un pasaje para un autobús Greyhound. "Mi madre me equipó con esa sensación de 'Tú puedes'." Y pudo.

No estamos abogando por una nueva práctica de dejar a los niños solos en casa y, la verdad sea dicha, tampoco abrazamos la noción de dejar a chicos de cuatro años a cargo de sus hermanos, por más seguridad que esto pueda crear en ellos. Pero entiendes lo que queremos decir, ¿no? Hemos compartido estas historias asombrosas para alertarte mientras explicamos la nueva educación. Porque, a fin de poder crear una seguridad perdurable, la educación debe templarse, librarse de su imagen de calidez y vaguedad.

Velo de esta forma: gran parte de lo que en los últimos veinte años se pidió enfatizar a los padres, con base en el movimiento de la autoestima, resultó equivocado, y produjo un exceso de autoestima y seguridad endebles. Se premiaba a los hijos por todo, no sólo por logros genuinos. Hoy las mujeres expresan más desconfianza de sí mismas que los hombres, pero la crianza moderna ha creado una seguridad falsa para ambos géneros, que suele dar a los chicos poca responsabilidad, junto con muchos elogios y premios. Esto los priva de adversidades, así como de la oportunidad de fracasar. Es lo opuesto al tipo de crianza de que fueron objeto mujeres realizadas como Lagarde y Wurwand.

En cierto sentido, la seguridad falsa es aún más dañina que la autoestima falsa, ya que la seguridad tiene que ver con la aptitud y la maestría. Si crees poder hacer algo y en realidad no puedes y ya no eres una hija sobreprotegida, el choque con la realidad será doloroso. Esto no se asemeja a esgrimir un poco del exceso de confianza que Cameron Anderson afirma que puede ser útil. Nos referimos en cambio a una brecha profunda que puede causar grandes problemas.[1]

Incontables jefes reportan hoy, por ejemplo, que muchos profesionales parecen creerse capaces de regir el mundo recién salidos de la universidad y que merecen todos los puestos que solicitan y todos los beneficios en que puedan poner las manos. Pero basta con rascar un poco para descubrir que su seguridad es muy frágil, porque tiene escaso fundamento en la experiencia o en la realidad. Parecen sabelotodos, pero es suficiente con someter a presión a la juventud para que se derrumbe al instante. Y la responsabilidad de ello es en gran medida de sus padres.[2]

"Antes obtenías seguridad mediante prueba y error y con el tiempo te dabas cuenta de que 'Por lo general tengo razón, puedo hacer las cosas'", dice el psicólogo Richard Petty. Hoy los hijos reciben elogios de padres que creen fomentar de ese modo su seguridad pero que en realidad no hacen sino consentir a chicos que han hecho poco para merecerlo, porque los propios padres han impedido que su preciosa prole pierda, fracase y se arriesgue. En algún momento, por lo general luego de que los hijos dejan el nido sobreprotector y se encuentran con el enorme y frío mundo del trabajo, la realidad interviene. "Las cosas se vuelen objetivas, y la gente te hace ver tus errores. No todo son sólo rosas", dice Petty.

Golpes duros y *gaman*

¿Cuál es entonces la fórmula mágica? Por una vez, para nuestra sorpresa hallamos claridad y consenso. La seguridad, al menos la parte que no está en nuestros genes, requiere esfuerzo, riesgo sustancial, persistencia y a veces amargo fracaso. Crearla exige una exposición regular a todas esas cosas. Es imposible que experimentes lo lejos que puedes llegar en la vida —en el trabajo y todo lo demás— sin esforzarte e, igualmente, sin ser presionado por los demás. Obtener seguridad significa salir de tu zona de confort, experimentar reveses y volver a levantarte con determinación.

Quizá todos nos ablandamos un poco en los años de la posguerra y el *baby boom* y ya es hora de que nos endurezcamos, de desarrollar cierta insensibilidad y más resistencia, puesto que nuestra investigación demostró claramente que sufrir duros golpes, preferiblemente en las etapas iniciales de la vida, es la ruta más rápida y efectiva a la seguridad.

Nansook Park, la psicóloga de la University of Michigan experta en optimismo, dice que, en general, la manera más adecuada de generar seguridad en los niños es exponerlos gradualmente al riesgo.[3] La meta no es traumarlos. "Se les debe introducir en la asunción de riesgos, pero con cuidado, no arrojándolos a un lago. Enseñarles cómo hacer las cosas y después darles oportunidades y estar a su lado cuando necesiten orientación. Cuando tengan éxito, hay que celebrarlo juntos y hablar de lo que salió bien. Y si fracasan, también debe hablarse de lo que hicieron bien, para poner énfasis en la acción, pero igualmente de lo que pueden aprender y de cómo mejorar para la próxima ocasión."

Fracaso. Ahí lo tienes. El compañero más aterrador, pero también el más importante, de la seguridad. El fracasó es resultado inevitable de la asunción de riesgos y esencial para producir resistencia. Petty dice que ésta nunca será suficiente. "Sólo vean *American Idol*. Hay chicos que no saben cantar, pero que creen que pueden hacerlo, tal vez porque todos les han dicho siempre: 'Eres fabuloso. Te aprecio'."

Nosotras aprendimos que el fracaso podría ser de hecho el secreto del éxito. Tropezando mucho de chicos nos vacunamos contra el fracaso y nos preparamos mejor para pensar más tarde en grandes e intrépidos riesgos.

El fracaso, no obstante, debe manejarse de manera constructiva, nos explicó Chris Peterson, excolega de Park en la University of Michigan. "Uno de nuestros alumnos nos contó de un colega suyo que daba clases en una difícil preparatoria urbana y que presumía de haberles dicho a sus estudiantes: 'Son más brutos que un grupo de niños de cinco años'. ¡Qué mensaje más terrible! No sólo les dijo que no hacían bien las cosas, sino también que nunca podrían hacerlas correctamente. Un mensaje mejor es éste: 'De acuerdo, se equivocaron. No tuvieron éxito. He aquí por qué. Quizá puedan seguir otra estrategia'. Es de esta forma como se genera seguridad."

Claro que riesgo y fracaso implican en parte incursionar en áreas en las que nosotros y nuestros hijos no nos sentimos a gusto. Esto es novedoso para muchos estadunidenses, pero en Asia es el canon de la paternidad. Los asiáticos lo deben todo a sus agallas, nuevo término de moda en los círculos de la psicología positiva para aludir a la persistencia y la tolerancia al apuro.[4] En japonés hay incluso una palabra para eso: *gaman*, que significa "no desistir", y se usa ampliamente.

Elaine Chao, la exsecretaria estadunidense del Trabajo, cuya familia se mudó a Estados Unidos desde Taiwán cuando ella era niña, cree que el concepto de abrazar la adversidad es algo que Occidente haría bien en aprender de Oriente. "Los estadunidenses se concentran en sus fortalezas, quizá como parte de su fe cristiana, la cual dice: 'Dios te dio ciertos talentos y debes desarrollarlos al máximo'. Si platicas con un estadunidense, te dirá: 'Soy pésimo para las matemáticas, así que no voy a dedicarme a eso, sino a escribir'. Las proclividades chinas son muy distintas. Los padres intentan subsanar las debilidades de sus hijos. Si un niño es malo para las matemáticas, la idea prevaleciente es concentrarse en que mejore en esa materia."

Como inmigrante, Chao tuvo una infancia muy accidentada, que antes de nuestra investigación quizá habríamos juzgado alarmante en vez de enriquecedora. Ella es la mayor de seis mujeres. Su padre escapó de una pequeña ciudad china cuando los comunistas llegaron, y la familia se mudó a Taiwán, donde él obtuvo un beca para ir a Estados Unidos. Pasaron tres largos años antes de que pudiera ahorrar lo suficiente para que su joven familia se reuniera con él. Durante ese periodo, la mamá de Elaine fue en realidad madre soltera, y ella le brindó ayuda. "El orden en que nacen los hijos es decisivo. Yo era la mayor. Cuando llegamos a Estados Unidos, pasamos por circunstancias muy difíciles", nos dijo. "Mis padres contaban conmigo. También mis hermanas. No me quedó otro remedio que poner buena cara y hacer lo que debía."

Cuando Elaine llegó a Queens, a los ocho años, sin hablar una sola palabra de inglés, ingresó a tercer año en la escuela local. Ésta fue una inmersión total en un grupo de compañeros despiadados. "Estábamos en 1961 y Estados Unidos no era tan diverso como ahora. Todo se reducía básicamente a blanco y negro." Siendo una china que no hablaba inglés, era un tentador blanco de burlas. Hasta la fecha recuerda al niño que le causaba más dificultades. "Se llamaba Eli y fue una pesadilla para mí, porque yo no sabía inglés, así que no distinguía entre 'Elaine' y 'Eli', no captaba la diferencia. Cada vez que decían el nombre de él, yo me paraba, y todos se reían de mí."

No sabía cómo encajar en la escuela y en casa las cosas no marchaban bien. Había poco dinero y ningún pariente, así que la familia vivía aislada. Siendo la mayor, se esperaba que Elaine trabajara con ahínco, no sólo en su beneficio, sino también para ayudar a sus cinco hermanas. Ella atribuye a aquellos días la seguridad que ahora posee. "No estoy tan cierta de que un entorno protegido sea siempre bueno. Un poco de adversidad, si no te vence, te hace más fuerte."

Todo esto sonaba muy bien: todos los consejos sobre el riesgo, el fracaso y las agallas y aceptar las penas de la vida con objeto de aprender. Así lo creíamos nosotras en nuestra cabeza. Pero el corazón se negaba a cooperar. Pese a las evidencias que habíamos acumulado, no nos convencíamos —y aún seguimos sin hacerlo— de aplicar la versión de amor severo de la educación. Nuestro corazón maternal tiende a imponerse e instintiva y físicamente no podemos evitar intervenir para aligerar el mundo en favor de nuestros hijos. Se pensaría que los padres protegemos más a las hijas que a los hijos, ¿verdad? Pero las evidencias indican que estos últimos, los primogénitos en particular, también sufren de lo que el padre de Katty gusta en llamar "falta de negligencia" o demasiados mimos.[5]

Claire se vio obligada a aceptar la maravilla del fracaso como madre de dos chicos apasionados del deporte. Como de niña ella no practicó ningún deporte y no le gustaba mucho fracasar, esto ha sido un poco difícil. Su hijo Hugo es beisbolista y al principio ella sufría enormidades cada vez que él estaba al bate. Experimentaba las emociones de su hijo más intensamente que él mismo y era casi incapaz de mirar. Irónicamente, después se convirtió en la entrenadora de futbol de su hija, cuando nadie más calificado que ella se ofreció como tal. "Cuando ya habíamos comenzado nuestra investigación para este libro, y como a Della le gusta tanto el deporte, supe que ella y sus amigas debían tener un equipo. Sorpresivamente, esto resultó muy estresante. Me preocupó que Della se volviera loca un día por haberse dejado meter un gol y, luego, que el equipo perdiera.

Yo no olvidaba los fracasos y apenas si veía los éxitos." Finalmente, otra entrenadora le sugirió aceptar la experiencia completa, con derrotas, batallas y todo. "En las reuniones de equipo empecé a remarcar hasta los menores aciertos de cada una de las chicas, lo cual les gustó y me sirvió a mí. A fines de ese mismo año ya eran unas fieras en la cancha." En tanto, su hijo invirtió meses enteros en mejorar su bateo, tras de lo cual fue puesto a prueba y aceptado en el equipo al que quería pertenecer. "Estoy aprendiendo tanto como ellos sobre el fracaso, el esfuerzo y la maestría, y es obvio que lo necesitaba."

Patti Solis Doyle aprendió que los beneficios de los riesgos y fracasos se extienden mucho más allá de la infancia. Hace siete años, apostó en grande. Había trabajado durante años para Hillary Clinton y aceptó dirigir su campaña presidencial. Sabía que sería algo difícil, potencialmente ingrato y hasta desastroso, como suelen serlo las campañas políticas. Además, ella sería una entre muy pocas coordinadoras de campaña y la primera hispana en dirigir una campaña presidencial. No era poca cosa.

Un año después, cuando las cifras en las encuestas resultaron menos que ideales, se le despidió. Ella se tomó a mal el cese y se sintió maltratada. Pasó meses enteros convencida de que no volvería a trabajar jamás, pero poco a poco empezó a aceptar lo ocurrido.

"En retrospectiva, me da gusto haber corrido ese riesgo", nos contó, riendo y sacudiendo la cabeza de cara a sus recuerdos. "Claro que no habría dicho lo mismo cuando me quedé sin trabajo." Solis Doyle se hace eco de Elaine Chao: "Terminé por ver que lo que no te mata te hace más fuerte. He aprendido mucho. A lidiar con sucesos negativos; que podemos perder y seguir adelante".

Tras limar asperezas políticas, Solis Doyle lanzó una sociedad financiera que compra deuda de gobiernos estatales. No es un área en la que ella tuviera experiencia previa, pero decidió intentarlo, dice, porque sabía que podía manejar el fracaso tanto como el éxito. En fechas recientes, vendió su compañía a una gran corporación, con muy buenas ganancias.

El mito del talento

El punto de partida del riesgo, el fracaso, la perseverancia y, en definitiva, la seguridad es una manera de pensar, brillantemente definida por la profesora de psicología de Stanford Carol Dweck como "mentalidad de crecimiento".[6] Haz un esfuerzo por leer todo lo que ella ha escrito. Descubrió que casi toda la gente exitosa y realizada en la vida siempre cree que es posible mejorar, que aún puede aprender cosas. Volvamos al ejemplo de cómo abordan mujeres y hombres sus habilidades matemáticas. La mayoría de las mujeres cree que su aptitud es fija, nos dijo Dweck. Son buenas o malas para las matemáticas. Lo mismo vale para muchos otros retos que tienden a aceptar menos a menudo que los hombres: liderazgo, espíritu emprendedor, oratoria, pedir un aumento, inversiones financieras y hasta estacionar el auto. Muchas mujeres creen que su talento en estas áreas es definitivo, limitado e inmutable. Los hombres, dice Dweck, creen en cambio que pueden aprender casi cualquier cosa.

La seguridad requiere mentalidad de crecimiento porque creer que es posible adquirir habilidades conduce a *hacer* cosas nuevas. Esto alienta el riesgo y refuerza la resistencia cuando fracasamos. Dweck estableció que la mentalidad de crecimiento está especialmente correlacionada con altos niveles de seguridad entre las adolescentes.

La mentalidad de crecimiento puede ayudarnos a reformular los fracasos como decisivas experiencias de aprendizaje. Katty vio de inmediato que la manera de pensar de Dwecks había sido un ingrediente faltante para ella. "Siempre supuse que había cosas para las que era buena (idiomas, criar hijos) y cosas para las que no (negocios, deporte, administración, todo lo que tenga que ver con una pelota, instrumentos musicales, computadoras... la lista es larga). Lo que más lamento es no ser emprendedora. Siempre he admirado a la gente que pone un negocio y me habría gustado poner uno, pero nunca tuve la seguridad para intentarlo. No es que crea ser buena para eso; sería fatal, nunca he tenido inclinación por los negocios. Al leer en vivo las noticias para millones de personas cada noche me siento segura, pero poner un negocio: pánico total. Ahora me doy cuenta, gracias a toda la investigación que hemos hecho, de que la única manera de conseguir la seguridad que necesito sería hacer la prueba. Y el trabajo de Dweck me permite ver esto como un conjunto de habilidades por desarrollar, no como algo que tengo o no tengo en forma innata."

La clave para crear la mentalidad de crecimiento es comenzar en pequeña escala. Piensa en lo que elogias en ti o en tus hijos. Si alabas la aptitud diciendo "Eres muy inteligente" o "Eres muy bueno para el tenis, un atleta natural", estás inculcando una mentalidad fija. Si, en cambio, dices: "Te has esforzado mucho por mejorar en el tenis, sobre todo tu revés", fomentas una mentalidad de crecimiento.

Distinguir entre talento y esfuerzo es crucial. Si creemos que nacemos con talentos que no podemos controlar es improbable que creamos que podemos mejorar en áreas en las que somos débiles. Pero cuando el éxito se mide por el esfuerzo y la superación se vuelve algo que podemos controlar, que podemos decidir perfeccionar, esto alienta maestría. Y, de hecho, forma parte del método asiático del *gaman*. Chao admite que puede ser difícil para los niños verse forzados a empeñarse en algo en lo que nunca destacarán, pero esto permite tomar el control de la creencia en uno mismo. De esta manera, la confianza tiene que ver menos con aquello con lo que naciste que con aquello en lo que te conviertes.

Para Chao, esto significa en el trabajo animar a la gente, en particular a las mujeres, a hacer un esfuerzo, a asumir tareas que crean fuera de su alcance, como el liderazgo. Reclamar un alto puesto impone siempre, pero mantener el mismo nivel no acrecienta nuestra seguridad. La clave es reconocer que subir al siguiente nivel puede ser difícil, que puede causar nervios, pero no permitir que esos nervios nos impidan actuar. "Toda posición de liderazgo implica esfuerzo", dice Chao, por experiencia propia. "Nadie piensa que nació líder, que esta o aquella posición de liderazgo es perfecta para él. Eso exige siempre un esfuerzo. Así, debemos animar a las jóvenes a esforzarse más."

El lado amable de las municiones

"Siempre he sido diferente", dijo la mujer rubia y menuda sentada frente a nosotras, vestida en tonos pasteles y que sonreía ampliamente. La tapicería de su oficina es tenue y floral, pero los cuadros —advertimos nosotras luego de una inspección más detenida— están hechos con piezas de armamento. Linda Hudson tiene mucha experiencia rompiendo moldes. Es la primera mujer en dirigir una importante compañía de defensa. Antes de ser directora general de BAE Systems ya había sido la primera presidenta en la historia de General Dynamics. También fue la primera vicepresidenta de Martin Marietta y la primera gerenta en Ford Aerospace. En la School of Engineering de la University of Florida, ella era una de las sólo dos mujeres en su grupo. No es de sorprender entonces que, en la preparatoria, Hudson haya sido la primera mujer en tomar el curso de dibujo técnico.

Aunque le agrada ser única, dice que esto no significa que su camino haya sido fácil. Se ha sentido más aislada de la cuenta en la más masculina de las industrias masculinas. Después de todo, como ella misma dice, bromeando con su característica franqueza, "hacemos municiones y tanques y cosas así".

Ser diferente forma parte de la historia de cada mujer de éxito, en virtud de la escasez de mujeres en la cumbre. Podemos lamentarlo, permitir que nos socave o limite, o abrazar nuestra singularidad y optar por llevarla como una insignia de honor. Cuanto más pronto aprendas a correr el riesgo de destacar, más fácil te será defenderte en una negociación tensa, exigir la tarea de alto perfil que de otro modo tus compañeros te arrebatarían o hacer todo lo demás que no casa con el estereotipo de la niña dócil y buena.

Caroline Miller, la autora y psicóloga especializada en seguridad y optimismo, afirma que la disposición a ser diferente es crucial para la confianza en uno mismo. "Es más que el solo riesgo y fracaso, aunque éstos son esenciales", dice. "La seguridad surge de dejar tu zona de confort y perseguir metas salidas de *tus valores* y *necesidades*, no determinadas por la sociedad." Este hecho cambió el curso de su propia vida. De joven, Miller luchó con la bulimia. Estudiante distinguida de Harvard, más tarde consiguió un lucrativo puesto en Wall Street, manteniendo oculto su secreto. Por fin, en una crisis, obtuvo ayuda, tras de lo cual reveló su verdad en su primer libro, *My Name is Caroline* (Me llamo Caroline), relato crudo y honesto de su enfermedad. Poco después cursó una maestría en el Positive Psychology Center de la University of Pennsylvania e inició una nueva carrera.

Es una sensación de identidad, más que de mero éxito, lo que podemos enseñar desde una etapa temprana. Si los padres de Linda Hudson querían una hija femenina tradicional, no la tuvieron, aunque, más todavía, no intentaron crearla. Ella se describe como una peleadora callejera que creció prefiriendo el basquetbol con los hombres que el ballet con las mujeres. Su materia favorita era matemáticas. Dice que jamás se sintió presionada por sus padres a ser distinta de como quería. Que nunca le ha interesado que la quieran; le gusta que la respeten. También agradece esto a sus padres. Ellos eran maestros; no tenían mucho dinero, pero infundieron en su decidida hija el valor de aprender y la seguridad de soñar en grande. Más todavía, cuando Hudson sufría un revés, la instaban a enfrentar la realidad.

No tienes que ser una rugiente Mamá Tigre para motivar a tus hijos a esforzarse y correr riesgos. Los padres de Hudson lo hicieron con amor y mente abierta. Cuando ella reservó un par de horas de su apretada agenda a hablar con nosotras de su carrera de "primeras veces", lo que emergió fue un cuadro más complejo que el simple estereotipo de una mujer fuerte en un mundo de varones. Hudson habla, con una franqueza que desarma, tanto de sus éxitos como de sus debilidades. No le apena decir que es competente en lo que hace y habla con igual gusto de aquello en lo que debe mejorar. ("Escuchar más, hablar menos.") Se atreve a mencionar incluso cosas que en lo personal lamenta.

Le enorgullece ser diferente, y la única vez que sucumbió a la presión de encajar no funcionó. "Me casé en cuanto salí de la universidad, principalmente porque eso era lo que se esperaba de mí. Cambié mi nombre, porque eso era lo que se esperaba de mí." Después de veinticinco años de matrimonio, se divorció. Dice impaciente: "¡Ansiaba recuperar mi nombre!". Pero para entonces tenía ya también veinticinco años forjando una carrera. "El nombre que tengo ahora lleva asociada una reputación profesional, así que era difícil cambiarlo. ¿Para qué?"

Lo mismo que en el caso de otra ejecutiva de alto rango que entrevistamos, la apertura de Hudson contribuía a su aura de seguridad. Se nos ocurrió entonces que las mujeres realmente seguras, y quizá también las personas realmente seguras, sienten que no tienen nada que esconder. Son como son, con verrugas y todo; y si a alguien no le gusta eso o cree que es malo mostrar vulnerabilidad, peor para él. Esas mujeres ambiciosas se arriesgan al exponer su vulnerabilidad, pero esto no les ha impedido sobresalir; de hecho, bien podría ser una de las razones de su éxito: son tan valientes que no sólo son diferentes, sino que también se atreven a ser ellas mismas.

No oigas el canto alabador de las sirenas

Piensa en lo bien que te sientes cuando recibes un cumplido por tu trabajo, tu atuendo, tu cabello. A menudo experimentas una exaltación inmediata y luego revives esos momentos para volver a sentir tal emoción. Resulta, sin embargo, que halagos y elogios son tan letales como el azúcar. Un poco está bien, pero mucho más que eso nos convierte en adictos. La psicóloga de la Ohio State University Jennifer Crocker descubrió que las personas que basan su autoestima y seguridad en lo que los demás piensan de ellas pagan no sólo un precio mental, también físico. Su investigación de seiscientos estudiantes universitarios demostró que quienes dependían de la aprobación de los demás —respecto a su apariencia, calificaciones, decisiones... lo que se te ocurra— reportaron más estrés y más altos niveles de abuso de drogas y trastornos alimenticios. A quienes, en cambio, basaban su autoestima y seguridad en fuentes internas, como la virtud o un firme código moral, les iba mejor en sus exámenes y tenían más bajos niveles de abuso de drogas y alcohol. Otros estudios indican que los hombres dependen menos de elogios para sentirse seguros que las mujeres.[7]

145

La seguridad dependiente del elogio es mucho más vulnerable que la erigida sobre los logros propios. Ni siquiera los seres humanos más realizados, guapos y célebres que conoces son objeto de un torrente incesante de elogios y comentarios positivos.

Claro que es poco realista creer que los pianistas de concierto no se comparan con sus iguales, pero si tu seguridad procede únicamente de la posición que ocupas en una tabla, las reseñas de tu último concierto o la adoración de tus seguidores, ¿qué sucederá cuando todo esto decaiga? Por eso es preferible desarrollar la sólida seguridad interna que proviene de saber que trabajaste duro para ganarte un lugar en una orquesta respetada y para tocar en compañía de los mejores del mundo.

Al resto de los mortales nos gusta naturalmente la satisfacción de las buenas calificaciones, un salario sustancial y un estupendo correo electrónico del jefe, pero no debemos perder de vista el placer por un trabajo bien hecho. Cuando nuestra seguridad se basa en indicadores externos, nuestro mayor riesgo es no actuar. Es más probable que evitemos riesgos si nos inclinamos a la aprobación. Perseguir el elogio permanente puede derivar en autosabotaje. Enseñar a nuestros hijos a buscar incesantemente nuestra aprobación en vez de ayudarlos a desarrollar su propio código los debilitará en el futuro.

A Katty, por ejemplo, le preocupaba que Maya, su hija mayor, tendiera a complacer tanto a los demás, a ser tan buena. Era tan responsable que todos en la familia recurrían a ella para que cuidara a sus hermanos, cocinara, prestara ayuda y fuera amable y diligente, y Maya no se quejaba nunca. En su adolescencia maduró y se volvió más segura de lo que quería, aunque Katty tardó un poco en ver eso como algo bueno. Maya desarrolló una saludable, aunque irritante, vena necia. "Un verano le insistí en que comenzara un ensayo de ingreso a la universidad que tenía que entregar a mediados de octubre. Durante las vacaciones familiares, ella pudo haber consultado a un primo que había tomado el mismo curso en la misma universidad y sus propios padres y su tía y su tío pudimos haberle dado ideas mientras estábamos relajados y teníamos tiempo. Pero ella se obstinó en no ponerse a trabajar hasta mediados de septiembre. Tenía su propio calendario en la cabeza y no lo iba a cambiar. Sentí una frustración enorme. ¿Por qué Maya no hacía lo que todos le sugeríamos? Pero, en efecto, inició el ensayo a mediados de septiembre y lo terminó justo a tiempo. Sabía lo que quería y cuatro adultos que insistían en que hiciera las cosas de otro modo no iban a hacerla cambiar de opinión." Katty considera ahora una fortaleza que Maya no haya necesitado complacer a los adultos a su alrededor, aunque se enojaran con ella. Había desarrollado la seguridad indispensable para escuchar su propio parecer.

Los pasillos de mármol del Senado de Estados Unidos suenan distinto hoy en día. Los pulidos pisos resuenan cada vez más con el agudo golpeteo de los tacones altos. El arribo de un número récord de senadoras, veinte por ahora, significa que ese bastión de hombres canosos y que arrastran los pies se feminiza poco a poco. En la oficina 478, al final de un largo corredor en el Russell Building, nosotras nos reunimos con una de las más recientes integrantes de la Cámara Alta, Kirsten Gillibrand, senadora suplente por Nueva York.

Todo en la senadora Gillibrand rezuma seguridad. Luce impecable, con el elegante y serio toque de Manhattan: hasta su rubia cabellera parece preparada para verse bien y permanecer en su sitio. El nombre de la senadora Gillibrand ya aparece en proyectos de ley de alto perfil y su rostro en programas de televisión de alto perfil. Dicen los que saben que tiene potencial para la presidencia. De cuarenta y ocho años de edad y madre de dos hijos, es una estrella demócrata. En la tranquilidad de su oficina azul pálido, Gillibrand, quien contendió por primera vez para la Cámara de Representantes cuando tenía treinta y ocho años, confesó no haber sido siempre así.

"No tuve la seguridad necesaria para presentar mi candidatura hasta que pasé diez años trabajando en campañas ajenas", dice riendo. La detenía lo que ella misma describe como las preguntas inhibidoras que tan bien conocen muchas mujeres: "¿De veras valgo? ¿Tengo temple? ¿Fuerza? ¿Inteligencia? ¿Estoy calificada?".

Es difícil creer que esta mujer, que ha librado batallas legislativas con los altos mandos militares y enfrentado a los cabilderos de las armas, haya pensado alguna vez que carecía de agallas o de perspicacia. Pero ella procede a enumerar entonces todos los esfuerzos que tuvo que empeñar para sentirse segura en su carrera por el Congreso: los años de trabajo voluntario no remunerado, las clases nocturnas y de fin de semana y el curso de dicción. Pronto resultó claro que Gillibrand había tomado la deliberada decisión de hacer frente a su desconfianza de sí misma.

Jane Wurwand, Christine Lagarde y Elaine Chao comenzaron jóvenes sus lecciones de seguridad, con padres que, sin darse cuenta, pusieron sobre sus pequeñas espaldas responsabilidades que inducían confianza. Sin embargo, nunca es demasiado tarde para buscar por ti misma la seguridad. Como Patti Solis Doyle, Caroline Miller y tantas otras mujeres con las que hablamos, Gillibrand es una demostración de eso. Ella se valió del mismo menú que nosotras hemos detallado: corrió riesgos, fue persistente, trabajó con ahínco y hasta fracasó. Pero surtió efecto. Ella misma creó todo lo que no heredó ni absorbió de niña.

Nuestra investigación para este libro nos deparó un sinnúmero de revelaciones. No esperábamos descubrir un claro vínculo genético con la seguridad. Jamás pensamos que la brecha de la seguridad fuera tan grande, o que el cerebro femenino pudiera funcionar fisiológicamente en forma un tanto distinta. Algo de lo que estábamos muy ciertas —que la seguridad se adquiere en gran medida en la infancia— resultó falso. Nunca se nos ocurrió que pudiéramos llegar a sentirnos tan mal por haber intentado ser mejores en el "inculcamiento" de algunas de esas cosas en nuestros hijos.

Nuestro principal descubrimiento, quizá el más alentador de todos, fue que la seguridad es algo que en gran medida podemos controlar. Todos podemos decidir, en cualquier momento de la vida, generar más seguridad, como lo hizo la senadora Gillibrand. La información científica acerca de cómo una nueva conducta y una nueva manera de pensar afectan, y literalmente alteran, nuestro cerebro es extraordinaria. Laura-Ann

Petitto describió los puentes y caminos laterales que podemos erigir en torno a la inamovible carretera de concreto de nuestro código genético y a los carriles adicionales tendidos por nuestra formación.

Caroline Miller y otros psicólogos sostienen que la contribución volitiva a un rasgo como la seguridad puede ser de hasta cincuenta por ciento.[8] Esto quiere decir que, ya como adultos, podemos decidir ser seguros, poner manos a la obra y ver resultados.

La idea de la seguridad como una decisión abre puertas en todas direcciones. Todos nos sentimos tentados a decir en algún momento y circunstancia: "No voy a dar el ancho, no puedo hacerlo". Todos hemos oído: "Mi madre no me elogió lo suficiente" o "Nadie de mi familia es muy seguro". Pero cuando concebimos la seguridad como un mero capricho del destino genético o ambiental, cancelamos toda posibilidad de cambiar nuestra vida. Nada nos obliga a permanecer en ese patrón de desconfianza. Todo se reduce a entrar en acción, aun en un mundo de hombres.

Pero es ahí donde el camino se vuelve arduo. No puedes "optar por la seguridad" y dejar de pensar en ello después, mientras tu vida cambia en forma milagrosa. Ciertamente las cosas no son tan sencillas como hacer clic en una casilla de verificación para añadir la seguridad a tu lista de atributos. No existe una receta para la seguridad brillante y seductoramente fácil. Cuando decimos que la seguridad es una decisión, nos referimos a que es una decisión que podemos tomar para actuar o hacer. Aun si sólo has leído este capítulo, sabes que la seguridad es esfuerzo, intenso y deliberado, aunque indudablemente realizable. ¿Y si tomaras las cosas con calma? ¿Si optaras por no exigirte demasiado en el ensanchamiento de tu seguridad? La siempre elusiva imagen de nosotras mismas en el espejo, que enseña tan fácilmente a los hombres lo que quieren ver, podría no cuajar jamás.

Considérese de nuevo el trabajo de Zachary Estes, el psicólogo que aplicó pruebas espaciales computarizadas a hombres y mujeres. Sus resultados no habrían podido ser más directos o relevantes para este tema. Lo que frenaba a las mujeres no era que no fueran aptas para hacer esas pruebas. Eran tan capaces como los hombres. Lo que las detenía era su decisión de no intentarlo. Cuando las preguntas eran difíciles y ellas dudaban de sí mismas, se contenían. Los hombres no tenían esos frenos internos; seguían adelante, respondiendo a las preguntas lo mejor posible.

Si decides no actuar tendrás pocas posibilidades de éxito. Más todavía: cuando decides actuar, puedes triunfar más seguido de lo que crees. ¿Cuán a menudo evitamos hacer algo porque creemos que fallaremos? ¿De veras el fracaso es peor que no hacer nada? ¿Y cuán a menudo habríamos podido triunfar si hubiéramos decidido hacer el intento?

Mira a tu alrededor. No suele ser incompetencia verdadera lo que a la mayoría de nosotras nos impide tomar esa decisión; el obstáculo es la distorsionada percepción que tenemos de nuestras aptitudes. Es como si empuñáramos la herramienta pronosticadora de Adam Kepecs, pero sin calibrar, sin que pueda darnos lecturas correctas y, por lo tanto, peligrosas. Cuando cedemos a creencias negativas de lo que podemos y no podemos hacer no aprovechamos los retos que podríamos enfrentar fácilmente, y de los que podríamos aprender. No hacemos las cosas básicas que volverían pronto casi automática la creación de seguridad. Pero podemos recalibrar nuestra brújula de la seguridad y, junto con ella, nuestras percepciones y apetito de riesgo.

Sí: como dice Sheryl Sandberg, debemos atrevernos. Tenemos que actuar, no refrenarnos. Y ahora sabemos que eso significa estar dispuestas a operar en formas que desafiarán a menudo nuestros más básicos instintos.

6 Fallar pronto y otros hábitos favorables a la seguridad

Un buen amigo (genio de la internet y mago de empresas nacientes) soltó sólo dos palabras cuando le preguntamos qué creía que debían hacer las mujeres para sentirse más seguras: fallar pronto.

Nos reímos. ¡Como si fuera tan fácil! Iniciábamos apenas nuestro peregrinaje, así que el fracaso seguía pareciéndonos justo lo contrario de lo que las mujeres hacemos fácil y naturalmente. Sobra decir que aborrecíamos el fracaso. ¿Y tenerlo pronto? Eso habría querido decir que no hicimos nuestro mejor esfuerzo, o que no trabajamos a la perfección. Es probable que oír eso nos haya provocado escalofríos.

Pero nuestro amigo no lo había dicho en broma. Resulta que fallar pronto es una frase de moda entre los informáticos y, sobre todo, una muy aceptada estrategia de negocios. Se basa en el principio de que es mejor armar a toda prisa un montón de prototipos, desplegarlos rápido, ver cuál resulta bien y desechar el resto. Hoy en día, el mundo no tiene tiempo para esperar a que llegue la perfección y pulir interminablemente tu producto es demasiado caro. Fallar pronto permite hacer ajustes constantes, probar y desplazarse velozmente a lo que funcionará en verdad. Lo bueno de esto es que, cuando fallas pronto, tienes menos que perder. Usualmente fallas en algo limitado, no en forma espectacular. Y hay mucho que ganar si aprendes de tus errores.

Nosotras acabamos por ver la teoría de fallar pronto como el paradigma ideal para que las mujeres veamos aumentar nuestra seguridad. Primero, fallar pronto parece más atractivo que el fracaso clásico. No es que

151

fracasar sea "sano", como lo son supuestamente las galletas de col. Pero fallar pronto es lo de hoy, además de una práctica potencialmente lucrativa. Además, este bocadito de fracaso parece manejable. Tenemos que fallar una y otra vez para que esto pase a formar parte de nuestro ADN. Si nos ocupamos en fallar en minucias, dejaremos de rumiar nuestras deficiencias posibles e imaginar escenarios desastrosos. Actuaremos, en vez de analizar hasta el último detalle de un plan. Si somos capaces de aceptar el fracaso como progreso en marcha, podremos dedicar tiempo a la otra habilidad crítica para la seguridad: la maestría.

Nuestras rápidas fallas nos permitirán ser exigentes con nuestro tiempo. Dejaremos de sentirnos obligadas a hacer todo bien. Muchas cosas terminarán en el bote de la basura. Haríamos bien en recordar que la especie que sobrevive no es la más fuerte, sino la más adaptable.

Poco después de haber hablado con nuestro amigo informático, Claire decidió tentar las agua del fracaso.

"Una cosa que quería intentar desde hace mucho era improvisar un discurso. Pararme ahí sin nota alguna y ponerme a hablar, al estilo de Oprah, Ellen DeGeneres y Bill Clinton. Mi intuición me decía que yo podía ser una oradora más eficaz, sintonizar mejor con el público y aprovechar mejor mi energía. El concepto de falla pronto me impulsó a intentarlo. Claro que no quería fallar en grande, así que dejé sin escribir sólo la mitad de mi discurso. Ver esa página en blanco me asustó. Y para ser honesta, no me fue muy bien que digamos. Pasé la prueba, pero con más dificultades de las necesarias. Muchos 'este'. No estoy segura de haber cubierto el terreno indicado. Pero aprendí. Las páginas en blanco no me funcionan. La próxima vez probaré un viejo truco de las transmisiones en vivo de la CNN: una lista de palabras clave como guía."

La seguridad, como ya dijimos (cincuenta veces al menos, y nos esperan muchas más), tiene que ver con la acción. Asimismo, implica intentos repetidos, riesgos calculados y cambios en tu manera de pensar. Lamentablemente, no te bastará con sacar el pecho, alisar tu falda y dejarte llevar por el torrente de la seguridad, como quizá te haya sugerido tu abuelita. Algunas máximas clásicas pueden ser útiles, pero no es aislamiento. La investigaciones más recientes proporcionan implicaciones asombrosas, contraintuitivas y holísticas sobre cómo seguir la senda de la seguridad. Muchos de esos consejos nos eran del todo desconocidos y, francamente, antes de probarlos no creímos que funcionaran. Pero lo hacen. Aquí expondremos la información que nos parece más sobresaliente, en especial la aplicable a nuestra vida diaria. Toma para ti la que más te convenga.

Abandona tu zona de confort

Si sólo vas a recordar una única cosa de este libro, que sea ésta: *en caso de duda, actúa*.

Todas las investigaciones que consultamos y todas las entrevistas que hicimos llegan a esta misma conclusión: nada aumenta más la confianza en una misma que actuar, especialmente cuando esto implica riesgo y fracaso. El riesgo mantiene la vida en tensión. Te hace crecer, mejorar y obtener seguridad en ti. En contraste, permanecer donde el resultado está asegurado podría resultar deprimente y aburrido. La acción distingue al tímido del valiente.

Está bien empezar con algo fácil. Si tu brecha de seguridad tiene que ver con conocer gente, comienza a pequeña escala: toma la charola de botanas en una fiesta y preséntate junto con la salsa y las papas fritas, o haz contacto visual y conversa con un desconocido en la tintorería. Si ir sola a una fiesta te hace sentir insegura, prueba esto: comienza con una pequeña reunión en la que sabes que habrá personas amigas y comprométete a ir antes de que puedas arrepentirte; asiste después a una recepción del trabajo, rétate a no arrepentirte a última hora y cuando llegues busca al instante un grupo de dos o tres personas, preséntate y hazles preguntas relacionadas con ellas. Escucha sus respuestas y presta atención a la charla; esto evitará que recuerdes que estás sola. Si no te sientes segura como para pedir un ascenso, practica con una amiga de confianza: menciona cinco contribuciones que hayas hecho a tu departamento. Pasos pequeños te preparan para correr riesgos más significativos. Esto se conoce como *técnica de la exposición*.

Para muchas mujeres, el riesgo puede adoptar formas menos obvias. A menudo implica permitirnos ser imperfectas, hacer frente al disgusto de figuras de autoridad y seres queridos o aprender a ser tranquilamente el centro de la atención. Una vez que domines estos riesgos, puedes pasar a otros mayores: cuestionar la opinión de un colega sobre un proyecto y no hundirte al primer contraataque; presentarte a una prueba deportiva; ocupar un puesto cuyas funciones parecerían rebasarte.

A veces, las acciones y riesgos más importantes no son físicos, no tienen nada que ver con hablar en una reunión o solicitar un nuevo puesto. La aptitud para tomar decisiones grandes y pequeñas en forma oportuna y para hacerse responsable de ellas es una expresión crítica de seguridad, lo mismo que de liderazgo, según todas nuestras mujeres más seguras. Linda Hudson nos habló muy persuasivamente de la toma de decisiones. Aun si tomas la decisión equivocada, dice ella, decide. Esto es mejor que no actuar.

¿Qué es lo peor que puede ocurrir, en todos esos escenarios, cuando abandonas tu zona de confort? Sí, volvemos a lo mismo: podrías fallar.

Beth Wilkinson es alguien que toma decisiones rápidamente, una experta en riesgos y una de las personas más seguras que conocemos. Como viceministra de Justicia de Estados Unidos, intervino en el proceso contra Timothy McVeigh, y su aptitud sistemática para obtener victorias de alto calibre en los tribunales la ha convertido en una de las litigantes más demandadas de ese país. Pero hasta ella fracasa en ocasiones. De hecho, una mañana de sábado en un Starbucks nos confesó que es experta en fallar pronto en minucias, resultado inevitable de tomar rápidamente muchas decisiones. Wilkinson se encoge de hombros. "Casi siempre aprendo de ello", dice riendo. Uno de sus fracasos iniciales se convirtió en piedra de toque para ella. En uno de sus primeros casos sola, y a fin de exponer correctamente su argumento inaugural, decidió escribir su alocución, que leyó en vez de memorizarla. Más tarde oyó a un colega criticar su desempeño. Esto la abatió. Pero en lugar de detenerse en eso mucho tiempo, lo pensó bien y se dio cuenta de que él tenía razón. "Fue un momento crucial para mí", dice. "Es mucho mejor estar en sintonía con el jurado que pretender decir perfectamente las cosas. Eso me enseñó mucho. Y jamás he vuelto a leer mis alegatos." He aquí una ejecución casi perfecta de fallar pronto con una mentalidad de crecimiento. Hazlo, aprende y sigue adelante.

Los tropiezos ofrecen en realidad oportunidades de crecimiento aceleradas, lo mismo que la posibilidad de aprovechar otro recurso interno que ya mencionamos: la autocompasión. Tal como demuestran las investigaciones, practicar la autocompasión aporta una firme red de protección emocional, mucho más fuerte que nuestro tradicional concepto de autoestima. Como recordarás, la autocompasión se centra en la aceptación de nuestras debilidades. En vez de decir: "No soy un fracaso", es más útil afirmar: "Sí, fallo a veces, todos fallamos, y hacerlo está bien". Autocompasión es tener con nosotros la misma bondad, tolerancia y otras cualidades que nos permitimos fácilmente con nuestros amigos, aceptando al mismo tiempo nuestras imperfecciones.

Correr un gran riesgo y sobrevivir a él puede cambiarnos la vida. "Mi momento de mayor seguridad coincidió con el de menor", nos dijo Jane Wurwand, porque implicó para ella buscar la confianza necesaria para dejar un matrimonio que estaba minando su seguridad. Jane era joven, vivía en Sudáfrica lejos de su familia, en una sociedad y una época que reprobaban el divorcio. Le preocupaba qué sería social y económicamente de ella si abandonaba la estabilidad de su vida de casada, pero su relación la hacía sumamente infeliz. Décadas más tarde, aún recuerda el día en que se armó de valor y seguridad para marcharse. Y también las bolsas del súper en las que su esposo le metió la ropa antes de tirarlas por la ventana. "Eso es lo único que me llevé, dos bolsas de plástico; y al manejar en dirección a casa de una amiga, pensé: 'Nunca más volveré a permitirme ser tan vulnerable'. Eso es lo más difícil que yo haya hecho nunca. Pero también aumentó increíblemente mi seguridad. Pensé: 'Si sobreviví a esto, puedo sobrevivir a todo'."

No caviles: reprograma

Para decirlo llanamente, el cerebro de una mujer no le sirve de mucho en lo tocante a la seguridad en sí misma. Pensamos demasiado y en las cosas equivocadas. Hacerlo no resolverá nuestros problemas, no nos volverá más seguras y casi indudablemente nos impedirá tomar decisiones, para no hablar de emprender acciones. Recuerda que el cerebro femenino funciona diferente al masculino; no cesamos de captar cosas, estamos más conscientes de lo que sucede a nuestro alrededor y todo esto pasa a formar parte de nuestra mezcolanza cognitiva. Cavilar nos deja inseguras de nosotras mismas. Esos pensamientos negativos y los escenarios de pesadilla disfrazados de resolución de problemas siguen un ciclo sin fin. Nos vuelven incapaces de vivir en el presente o de confiar en nuestra intuición, presas de distracciones destructivas que exprimen poco a poco la espontaneidad de nuestra vida y nuestro trabajo. Así pues, tenemos que dejar de cavilar.

No es nada fácil. Ni siquiera una neurocientífica puede evitarlo a veces. Laura-Ann Petitto es líder en su campo. Ha hecho muchos descubrimientos importantes sobre los orígenes del lenguaje y dirige un laboratorio prestigioso, auspiciado por la Gallaudet University y los NIH, que estudia el desarrollo del cerebro y el lenguaje. Ella creó una nueva disciplina conocida como *neurociencia educativa*, obtuvo más de veinte premios internacionales y realizó un documental que fue nominado al Oscar sobre su trabajo pionero con un chimpancé llamado Nim. Cuando nos reunimos con ella en su laboratorio, descubrimos que era un grato y dinámico torbellino de energía y curiosidad envuelto en un elegante vestido púrpura y anaranjado. "Muy segura de sí misma", imaginamos. Pero ella nos contó que aunque se sabe sumamente competente, sigue haciendo hincapié en sus debilidades, como su temor a hablar en público. Durante años tuvo un hábito agotador: se sentaba en el autobús camino a casa y se ponía a hacer una larga lista de supuestas fallas. Era su modo mental predeterminado. "Pude haber hecho mejor tal cosa", se decía. "Esa otra no salió tan bien como debía. No debí haberme puesto tan nerviosa al hablar en público."

Recientemente, prometió cambiar. Para dejar ese patrón negativo, decidió reaccionar a él recordándose tres cosas que haya hecho bien. Ahora, cada vez que sus cavilaciones negativas se ponen en marcha, recorre conscientemente su lista de logros y éxitos: "Terminé un buen artículo", podría señalar ya su monólogo interior. "Hice ese informe de laboratorio más rápido de lo que esperaba. Tuve una buena conversación con mi nuevo alumno de posgrado."

Estos ejercicios mentales reprograman el cerebro e interrumpen el ciclo de realimentación negativa. El efecto quizá no sea inmediato, pero en algunos casos puede producir un cambio regular de pensamientos y acciones en cuestión de semanas. Comienza observando atentamente la relación entre tus pensamientos, emociones y conductas y cómo se afectan entre sí. Esto es terapia conductual cognitiva básica. He aquí un ejercicio para ayudarte a estar más consciente del vínculo entre pensamientos y acciones:

Imagina un escenario horrible en el trabajo. Demórate en él. Por ejemplo, estás dando una presentación y algunos de tus compañeros entornan los ojos. Fíjate en lo que sientes. Angustia. Estrés. Enojo. Nada grato, ¿verdad? Ahora haz lo contrario. Imagina un suceso maravilloso en la oficina. Un bono inesperado. Una presentación confirmada. Fíjate en los sentimientos que esta vez te invaden.

Lo que pensamos influye directamente en cómo nos sentimos. Aun si en realidad nada sucede. Nuestra mente hizo el trabajo.

Elimina los PNA

Los PNA son los elementos que encabezan el ataque contra la seguridad, y son tan molestos e insidiosos como su gemelo fonético. Nos referimos a los *pensamientos negativos automáticos*. Desafortunadamente, aparecen zumbando con más frecuencia que los pensamientos positivos y pueden multiplicarse a la velocidad de la luz. ¿Algunos de los comentarios siguientes te resultan familiares?

"Este vestido salió muy caro. ¿Por qué tiré mi dinero en él?"

"Apuesto que cuando llegue el trabajo, Sophie habrá vuelto a llegar antes que yo."

"Jamás terminaré este proyecto; sabía que no iba a poder con él."

"Si no termino el proyecto esta noche, voy a quedar mal con mi jefe y no me van a ascender."

Por desgracia, es imposible exterminar esos PNA con aerosol, pero puedes desafiarlos y vencerlos con lógica y opciones. El primer paso es aceptarlos. Podría parecer tedioso, pero lleva un diario y anótalos. Éste es un remedio insustituible. Hazlo unos días. Ten tu diario en el buró y escribe parte de lo que traigas en la cabeza cada noche. He aquí una muestra tomada de nuestras libretas:

Katty, una noche:

Tengo que pedir un aumento de sueldo, pero ¿se irán a enojar? No quiero parecer arrogante.

¿Por qué llamaron de la BBC durante la cena? Con el libro encima, apuesto que creen que no estoy trabajando lo suficiente. Debí haberles llamado.

No debí haber gastado tanto en pintar la parte de atrás de la casa. Nadie la ve.

Maya parece estresada por las solicitudes de ingreso a la universidad, pero si se lo menciono pensará que no confío en ella.

¿Debo comer más o menos?

Voy a estar fuera mucho tiempo las tres próximas semanas. ¿Eso es demasiado para la familia? Tal vez necesito otra niñera.

Claire, antes de que amanezca:

> ¿Por qué dejan pasar aviones sobre nuestra casa a las 5:30 de la mañana antes de que aterricen? Voy a tener que llamar a la asociación de colonos para quejarme.

> ¿Los niños metieron su tarea a la mochila? No vi que Hugo lo hiciera.

> ¿Cómo es que no tengo tiempo suficiente para todo? Ya sólo trabajo medio tiempo para la ABC; debería tener más tiempo para ocuparme de los niños y de un libro. No soy eficiente. ¿Qué me pasa?

> Debería empezar a levantarme a las 4:30 para escribir.

> ¿Tengo bofos los brazos otra vez?

> ¿Por fin cuándo va a dejar mi esposo ese trabajo que lo estresa tanto? Sería de mucha ayuda. Él va a tener que encargarse de nuestros boletos de avión para las vacaciones. Yo no tendré tiempo.

> Me encantó la foto de Della jugando futbol. ¡Qué fuerte está ya! Pero ¿entrena lo suficiente?

> Creo que ya se acabaron los Rice Krispies.

(Ambas nos reímos al comparar nuestras notas, un tanto mortificadas. Nuestras cavilaciones parecían demasiado vergonzosas. Pero pensamos que dándolas a conocer haríamos un servicio público.)

La mejor manera de aniquilar un PNA no es atormentarte por haberlo tenido; eso no hará sino angustiarte más. El remedio más efectivo, y sorprendentemente el más fácil, es buscar otro punto de vista. Una interpretación diferente, tal vez una reformulación positiva, o hasta neutral, puede abrir la puerta a la seguridad. Así, y ya que nosotras nos estamos ofreciendo como conejillos de Indias, he aquí algunos de nuestros intentos.

"No soy eficiente, ¿qué me pasa?", podría convertirse en "Es bueno que busque equilibrar tantas cosas al mismo tiempo".

"¿Por qué llamaron los jefes?", podría convertirse en "Tal vez quieren que salga más en la tele y eso está bien".

"¿Gasté mucho en pintar la casa?", podría convertirse en "Gracias a que lo hice, quité los daños causados por la humedad".

El segundo pensamiento ni siquiera tiene que invalidar al primero. Lo que reduce la potencia de este último es el ejercicio mental de darse tiempo de crear otra explicación. A la larga, reformular se vuelve hábito. Y si te cuesta trabajo dar con opciones positivas, imagina lo que le dirías a una amiga que te confesó que tenía ese mismo pensamiento negativo. Esto es poner la autocompasión en acción. Te sorprenderá lo rápido que puedes eliminar esos pensamientos que te debilitan. Es fácil hacerlo en beneficio ajeno, pero les permitimos vagar libremente en nuestra cabeza.

Las investigaciones de Richard Petty sugieren que proceder físicamente con tus ideas también puede ayudar a eliminar los PNA.[1] Él y sus colaboradores pidieron a un grupo de estudiantes que escribieran pensamientos negativos sobre sí mismos y después los dividieron en tres grupos. A uno de éstos se le instruyó guardar en su bolsillo lo que había escrito. A otro, romper sus notas y tirarlas a la basura, exorcizándose simbólicamente de ellas. Al tercero se le indicó dejarlas en la mesa.

"Resulta que esta interacción simbólica con sus pensamientos afectó el grado en que los creían correctos", dice Petty. Quienes cargaron con sus notas se interesaron más en sus pensamientos negativos, como si éstos tuvieran algún valor. Quienes las tiraron cuestionaron la validez de sus pensamientos negativos y pronto dejaron de molestarlos. Y quienes dejaron sus notas en la mesa se ubicaron en un punto intermedio.

Estas estrategias ayudan a erigir murallas que mantienen bajo control pensamientos tóxicos. Si se te rechaza en algo, esto no significa que nunca vayas a tener éxito. Si tu trabajo recibe un comentario negativo, eso no quiere decir que no puedas mejorar la próxima vez. Si estás nerviosa por una entrevista importante, no pienses en el posible resultado ni te precipites a concluir que podrías no volver a trabajar nunca en la industria si no consigues ese empleo. Ataca esos conceptos con tus nuevas herramientas. Contrarréstalos con datos concretos y después deja de lado tus pensamientos negativos, aun si esto significa tirar a la basura el diario que nosotras te recomendamos llevar.

Nuestra atención es muy poderosa y en realidad no es difícil usarla a nuestro favor. Sarah Shomstein, neurocientífica de la George Washington University, nos contó que los investigadores han terminado por reconocer que el simple acto de pensar (de concentrarse) en casi cualquier cosa —el coche nuevo que quieres, hacer ejercicio, tu proyecto— implica que es probable que actúes en esa dirección. Hagamos de nuestros pensamientos nuestros aliados.

Del yo al nosotras

Podrías pensar que concentrarte más en ti es un escalón natural a la seguridad. ¿Acaso no necesitamos relacionarlo todo con nosotros mismos para sentirnos bien y triunfar? En realidad, lo cierto es lo contrario, en especial para las mujeres. Para la mayoría de nosotras, pensar en nuestros sentimientos y aptitudes, juzgarnos y ser la estrella de nuestro propio melodrama tiende a inhibirnos y paralizarnos. Imagina lo siguiente, para que sepas a qué nos referimos. ¿Cómo te comportarías en una emergencia para salvar a un niño? No tendrías tiempo de ponerte nerviosa ni de cuestionar

161

tus acciones. No te detendrías a preguntarte si estás calificada, o si deberías tomar otro curso de resucitación cardiopulmonar, antes de arrojarte a la calle. Tu atención estaría puesta por completo en prevenir una crisis, lo que conseguirás desterrando todas tus dudas.

Aplica ahora ese razonamiento a tus retos. Si tienes frente a ti un evento importante, por ejemplo, al principio podría parecerte natural, y hasta útil, no dejar de pensar en él, a fin de examinar la situación desde cada posible ángulo y prepararte para cualquier escenario: qué podría significar eso para ti a largo plazo, cómo lucirás, qué deberías decir, cómo deberías vestir de acuerdo con el clima, cómo manejarás las contingencias que puedan surgir. Pero de esta manera no harías tu mejor trabajo. En cambio, haz todos los preparativos y dirige después tu atención a cuánto ayudará eso al equipo o la compañía. Esto te permitirá ser audaz y asertiva, y poner los reflectores en otro lado.

La psicóloga de la Ohio State University Jenny Crocker descubrió que a las mujeres nos sienta de maravilla el *nosotras*. Cuando jóvenes graduadas universitarias, cuya seguridad es tambaleante, dejan de pensar en ponerse a prueba y proceden a hacer cosas por sus colegas o la empresa, obtienen un aumento sorpresivo en su seguridad.[2] Crocker se sirvió de esa investigación para elaborar una excelente sugerencia para oradores nerviosos: reformular sus comentarios en su cabeza. Decirse que hablan a nombre del equipo o la organización, o en beneficio de otros en lugar del suyo propio. Cambiar algunas palabras de ser necesario. Ésta es una forma práctica y simple de dirigir el reflector a los demás para adquirir confianza.

La senadora Kirsten Gillibrand emplea principios similares para convencer a mujeres de contender por el Congreso. Les recuerda que eso tiene que ver más con ayudar a quienes lo necesitan que consigo mismas. "En cuanto un candidato se da cuenta de que lo suyo no es presunción, en particular una candidata, se vuelve más enérgico y persigue con más vigor su propósito", dice.

No es personal

Resulta mucho más fácil pasar del *yo* al *nosotros* cuando comprendes que los demás no piensan en ti en todo momento. A causa de un narcisismo errado, es demasiado fácil creer que todo lo que haces —sea un triunfo o fracaso— atrae la atención de los demás. No es así. La mayoría está demasiado ocupada con su propia vida para preocuparse por ti. Imaginarte el centro del universo es absurdo y destruye tu seguridad. Si no se te elige presidenta de la clase o si cometes un error en una reunión con un cliente, no pienses que se hablará a tus espaldas durante semanas enteras. No es así; hace mucho que la gente siguió con lo suyo.

Cuando tengas un problema en el trabajo, recuérdate que tiene que ver con el trabajo, no contigo. Si tu jefe te dice que tu proyecto debe mejorar, resiste la tentación de ver en eso un ataque personal. Cuando un colega te pregunta, sin sonreír, cómo te fue el fin de semana, no pienses que insinúa que deberías haber estado en la oficina. Es muestra de supremo egoísmo pensar cosas como las siguientes:

"Estoy segura de que ella se enojó porque no añadí su propuesta."

"Sé que él piensa que soy una tonta porque aún no he programado esa reunión."

Pon a trabajar tus opciones:

"Por otra parte parte, ella/él tuvo cuatro juntas hoy. Dudo que eso sea un problema."

En algunos casos, críticas y comentarios sí son personales. Y en ciertas profesiones, el juicio es constante. Los artistas, por ejemplo, viven bajo un nivel diferente de escrutinio.

"En el teatro se te critica de pies a cabeza, de ceja a oreja, de vestuario a maquillaje; te puedes volver loca", dice Chrissellene Petropoulos, cantante de ópera y entrenadora de voz. "Jamás te dicen lindezas, siempre horrores, y yo me sofocaba y desmoronaba porque lo personalizaba todo. El director llegaba y me decía: 'No sabes cantar', 'Pareces un elefante' y yo… ¡ahhhhhhhh!"

Petropoulos comprendió que la forma en que experimentaba esos comentarios destruía sus habilidades artísticas, así que se puso a estudiar el impacto del estrés en sus cuerdas vocales y se alarmó. Aprendió a interpretar las críticas como algo dirigido a sus habilidades, no a sus valores como persona.

Hoy ella es una maestra muy demandada y sus lecciones giran en torno a la seguridad tanto como a la habilidad vocal. Ensaya largas listas de respuestas automáticas con sus alumnos, muchos de los cuales son niños, a fin de que estén preparados para manejar y procesar las críticas.

Crítica: Tu cabello luce horrible hoy.
Respuesta: Gracias por decirlo. O gracias por notarlo.

Crítica: Otra vez estás cantando con la nariz. Deja de hacerlo; suena espantoso.
Respuesta: Gracias por decirme eso. Intentaré hacerlo mejor.

Crítica: Ese atuendo no va a funcionar.
Respuesta: ¿Qué te gustaría que me pusiera, o cómo lo debería cambiar?

Petropoulos dice que sus jóvenes alumnos pueden reírse de esas réplicas, pero que a la larga prestan más atención al modo en que reciben y procesan internamente información negativa. Claire descubrió que pensar "Gracias" antes de contestar cualquier cosa cuando se siente criticada le ayuda a combatir su tendencia a personalizar lo que le dicen. Inventa tu propia lista de respuestas conforme a tus necesidades: *Gracias por tu comentario. Agradezco que pienses de esa manera.*

Si sencillamente no puedes dejar tu hábito de personalizar, una gran dosis de realidad siempre ayuda. Recuerda que muchas otras personas enfrentan exactamente los mismos obstáculos que tú y que muchas fuerzas fuera de nuestro control afectan la carrera de todas. "Para mí fue muy esclarecedor, en términos de mi seguridad en mí misma, darme cuenta por fin de que esta lente podía ayudarme a entender algunos de los obstáculos que he experimentado", dice Christy Glass. "Era un lenguaje para decir: 'No es que no pueda hacer este trabajo por incompetencia. Es que no dispongo de los recursos que necesito para hacerlo. En ocasiones no soy lo bastante agresiva ni se trata de un fracaso individual'."

Glass afirma que el solo hecho de tomar conciencia de los prejuicios que imperan en el trabajo es un eficaz antídoto contra la desconfianza en una misma, en especial para las jóvenes, que quizá no recuerden la revista Ms. Así, la próxima vez que des una presentación ante un grupo de ejecutivos y veas a catorce hombres y dos mujeres en la mesa, como le ocurrió recientemente a Katty, piensa que es de esperar un descenso repentino de tu confianza en ti, por causas de fuerza mayor. Incluso admitirlo puede ayudarte a persistir en lugar de reprocharte que estés un poco nerviosa. Esto no significa que debas hacer hincapié en la falta de equidad, y ciertamente no deberías rendirte ni quejarte sin cesar, sino comprender que el contexto y la dinámica institucional pueden ayudarte a mantener en perspectiva tus retos y decepciones.

Cuándo debemos estelarizar nuestra propia producción

A menudo da la impresión de que las mujeres entendemos al revés la cuestión de los *reflectores*. Queremos arrojar luz sobre nuestras fallas e inseguridades y sobre las extravagantes razones de que indudablemente vamos a fracasar; pero cuando se trata de reconocer o disfrutar nuestros triunfos, nos ocultamos, viendo con recelo nuestros logros, como si nunca hubiéramos tenido uno solo. En muchas ocasiones, sin embargo, la atención *debería* recaer en nosotras, y es entonces cuando debemos regresar al yo. Tienes que desarrollar una noción de tu muy merecido valor para la empresa y, sí, a veces debes tocar el claxon. Esto te puede servir en la oficina, pero también el simple hecho de hacerlo, de oírnos reconocer nuestros logros, estimula nuestra seguridad en nosotras mismas.

A la mayoría de nosotras, la autorreprobación nos parece más atractiva que la jactancia, pero eso puede ser contraproducente en múltiples niveles. Aun si sólo queremos restar importancia a nuestros logros frente a los demás, en esencia nos contamos una historia dañina: que en realidad no nos merecemos nuestras proezas. Esto influye no sólo en la manera en que nos vemos, sino también en cómo nos ven los demás. Recuerda: nuestros jefes quieren como empleados a personas triunfadoras. Les gusta saber que hacemos bien las cosas. Además, si devaluamos ante nosotras nuestros logros, es menos probable que intentemos vencer futuros obstáculos.

Debemos encontrar la manera de aceptar cumplidos y reconocer nuestros logros en vez de recurrir a desdenes, atribuciones a la suerte y autoescarnios. No exageres si eso es lo preciso. Cuando te elogien, contesta: "Muchas gracias". Es increíble lo bien que se siente decir estas dos palabras.

No sabíamos qué ejemplo de autoescarnio poner cuando nuestra editora, Hollis Heimbouch, nos señaló uno muy apropiado. Ni siquiera en el manuscrito de este libro pudimos evitar burlarnos de nosotras mismas en varias acotaciones: nuestros manotazos científicos, nuestro olfato para los negocios y nuestra capacidad organizativa fueron algunos de los blancos (supuestamente afables). Éste es un hábito tan arraigado en nosotras que ni siquiera lo advertimos. Por fortuna, Hollis sí lo notó y señaló rápidamente que años de investigación y redacción, para no hablar de disertación profesional sobre el tema, significaban que esas pullas autoinfligidas no eran en absoluto verosímiles.

Repite, repite, repite

Michaela Bilotta desarrolló su seguridad al mismo tiempo que sus poderosos bíceps haciendo una colgada tras otra. Nadie se gradúa de la U.S. Naval

Academy sin esculpirse y ponerse a punto. Esto nunca acobardó a Bilotta. Le encanta hacer ejercicio, salvo colgadas. A éstas las aborrece y se mide con sus contemporáneas por cuántas colgadas seguidas pueden hacer: "Fulana hace veinte", dice acerca de una compañera, "es impresionante."

Dominar las colgadas ha significado horas de esfuerzo y persistencia en los últimos cinco años. Pero valió la pena. Bilotta hace ya catorce o quince y se siente orgullosa de esto, y segura de su habilidad. "Tuve que trabajar en eso, trabajar en eso y trabajar en eso hasta llegar a catorce. Si hubiera preferido no hacerlo, más me habría valido escoger otra carrera."

Lo mismo sucede con la seguridad. No la consigues si no trabajas en ella, porque toda la que generamos procede del esfuerzo, en particular de la maestría. (Cabe insistir en que por maestría no entendemos perfección. Piensa en "suficientemente bueno" al conquistar nuevas fronteras.)

Nadie ilustra mejor el continuo maestría-seguridad que Crystal Langhorne, de las Mystics de Washington. "En mi primer año no jugué nunca", dice. "Y no me sentí nada bien. Al final de la temporada me pregunté incluso si debía seguir en el basquetbol." Guardó silencio un minuto mientras recordaba una de sus más duras experiencias profesionales. Pero en vez de desistir, nos contó ella, hizo otro plan: entrenar más. No un poco más, sino varias horas diarias de lanzamientos después del entrenamiento formal, mientras jugaba en Lituania fuera de temporada. Supo que tenía que rehacer por entero su manera de disparar. Y lo consiguió.

El resultado no fue notable: fue extraordinario. A su regreso, Crystal fue designada la jugadora más empeñosa de la liga y desde entonces no ha habido año en que no se le elija como jugadora estelar. Cambió literalmente su forma de juego gracias a que no dejó de moverse, lanzando una pelota a una canasta.

Práctica. Disposición de aprender. Eso es lo que alimenta ahora su seguridad en la cancha. "Cuando has trabajado en algo, piensas: 'Sé que lo puedo hacer. Ya trabajé en ello. Lo hice en el entrenamiento'. Esto me da seguridad." Un recordatorio más de que la gente que triunfa no siempre es talentosa por naturaleza. Se lo debe a su esfuerzo.

Alza la voz (sin interrogar)

La idea de hablar frente a un grupo de desconocidos ronda como una nube oscura sobre la seguridad de casi todos, y hablar en público es un reto icónico para la confianza de las mujeres. Running Start, el grupo que asesora a chicas que piensan contender por un cargo público, ha identificado el miedo a hablar en público como el problema número uno que impide a las mujeres participar en política electoral. Pero como la mayoría tenemos que hacerlo en una u otra circunstancia, vale la pena atacar este asunto. Así estés en un círculo de lectura, un sala de juntas o una fiesta de cumpleaños, en algún momento tendrás que hacer oír tus ideas, lo que significa poder hablar en público con aplomo. Como muchas otras cosas, ésta es una habilidad adquirida. Saber que puedes dominarla, aun en forma elemental, te hará sentir muy segura.

Tomemos el caso de la convención anual. Tú estás ahí con miles de colegas de tu industria, en un auditorio repleto para oír al orador principal. Transcurridos los cuarenta y cinco minutos del discurso, te gustaría preguntar algo. Pero cuando el orador inquiere si hay preguntas, ninguna mujer alza la mano. Seguros de sí, los hombres dominan la sesión de preguntas y respuestas. En tanto, las mujeres permanecen mudas, pensando... ¿qué? ¿Que darán la impresión de ser tontas, mal informadas? ¿Que podrían tropezar? ¿Que todos fijarán la vista en ellas?

Esto no es ningún invento. ¿Recuerdas los estudios que mencionamos en el capítulo 1? Cuando los hombres son mayoría, las mujeres hablan setenta y cinco por ciento menos. Las autoras solemos pronunciar discursos y vemos eso una y otra vez. Cuando el público se compone principalmente de mujeres, las cosas cambian; nadie tiene empacho en hacer preguntas frente a las demás. Pero cuando damos charlas ante un público dominado por hombres o una audiencia mixta, todo indica que las mujeres siempre tienen dificultades para hacerse oír. Katty dice que le sorprendió saber que hasta su muy segura hermana Gigi es una de ellas. Gigi es una veterinaria de renombre mundial, de las muy pocas que tratan a burros y mulas. De hecho, con frecuencia se le pide pronunciar discursos sobre su trabajo con equinos y le gusta mucho hacerlo. No le cuesta trabajo subir a un podio frente a un público de varios cientos de colegas. Pero, en fechas recientes, advirtió algo muy extraño. Cuando se trata de asistir a conferencias de otros y hacer preguntas, en su mente Gigi deja de ser la experta, se pone muy nerviosa y debe hacer un esfuerzo para levantar la mano. Es absurdo.

La seguridad de una joven a la que recientemente conocimos en una cena nos impresionó a ambas. Por alguna razón, lo que comenzó como una plática informal se convirtió en una acalorada discusión sobre nada menos que las mujeres y su lugar en la religión. El señor en la cabecera de la mesa insistía en tener la razón. Uno por uno, los demás invitados dejaron de discutir con él, pero aquella joven, de veintiocho años de edad, se negó a dejarse intimidar. Él casi le doblaba la edad, pero ella no se acobardó. En situaciones sociales, más aún que en ámbitos profesionales, es común que las mujeres nos retractemos a la primera señal de desafío en una conversación, pero esa joven expuso tranquilamente su postura y se mantuvo firme. No fue grosera, antes bien encantadora, pero no se rindió. Fue impresionante.

Nuestra capacidad para defendernos en pequeñas oficinas o reuniones sociales nos prepara para los momentos críticos en que debemos hablar ante una multitud enorme o ante un importante público de una sola persona para pedir mejores condiciones.

Dondequiera que sea, proyectarte de manera efectiva es una prueba constante de seguridad. A menudo tienes que armarte de valor, vencer tu tendencia natural a cohibirte y ordenar a tus cuerdas vocales que se sometan a tu voluntad. Pero piensa: cuando haces eso, ¿qué sucede en realidad? En un caso extremo, te sonrojas y hablas atropelladamente; quizá hasta te salen círculos oscuros bajo los brazos. Pero la tierra no se abre para tragarte. El cielo no se te cae encima. No, sigues ahí, intacta y viva. Hay miles de libros maravillosos sobre hablar en público, así que no nos apropiaremos de ninguno de sus consejos. Pero compartiremos contigo algunos comentarios de lo que hallamos a este respecto en nuestra indagación sobre la seguridad, los cuales consideramos novedosos y útiles.

Primero, usa tu propio estilo. No tienes por qué emular al líder soviético Nikita Jrushchov, golpeando un escritorio zapato en mano. Peggy McIntosh, la profesora de Wellesley, escribió persuasivamente sobre algo llamado nuestro "yo casero", estado en el que las mujeres nos sentimos al mando. Cuando trasladamos ese nivel de satisfacción y ese estilo a nuestra vida profesional, proyectamos más autoridad, así sea de manera informal.

Segundo, sentirás poder al hablar a nombre de otros, como descubrió la psicóloga de la Ohio State University Jenny Crocker; así, usa eso como herramienta para moldear tus observaciones. La atención a metas elevadas o a los logros del equipo impregnarán tu desempeño de un sentido natural de misión.

Por último, destierra el tono interrogativo fijo. Christopher Peterson fue muy querido por sus alumnos en Ann Arbor, donde durante años enseñó psicología en la University of Michigan, honrándosele con el Golden Apple Award por su excelencia docente. Fue también uno de los fundadores de la psicología positiva. Muerto repentinamente a fines de 2012, tuvimos la suerte de beneficiarnos de su saber en una entrevista previa. Tenía una manía: detestaba la forma de hablar de muchas de sus alumnas de posgrado. Una y otra vez, escuchaba a jóvenes brillantes en sus clases responder a preguntas usando el *tono interrogativo*. Éste es un hábito que reconocerás sin duda (y que a lo mejor tú misma padeces): alzar el tono de voz al final de una frase para insinuar que en realidad estás haciendo una pregunta, no una afirmación. Lee esto en voz alta: "Fuimos al cine y compramos helado". Y ahora esto: "¿Fuimos al cine? ¿Y compramos helado?". Peor todavía, esto: "¿Creo que deberíamos optar por la estrategia de mercadotecnia en línea?". Espantoso, ¿no? Quizá no sea de sorprender que los lingüistas reporten que el tono interrogativo es particularmente común entre las mujeres del sur de California, aunque cada vez se extiende más. Los investigadores dicen que ese estilo cumple para las mujeres un propósito claro: es una red psicológica de protección que desalienta interrupciones y da seguridad. Así, cuando nos sentimos inseguras —no por no saber algo, sino por temor al riesgo—, hacemos inconscientemente que nuestro comentario parezca una pregunta, con objeto de desviar críticas.

El tono interrogativo exasperaba a Peterson, porque lo interpretaba como una defensa en la conversación que revelaba inseguridad en sus alumnas. Lo describía como una manera de decir: "No me contradigas, porque en realidad no estoy diciendo nada; sólo estoy preguntando".

Él nos dijo que casi todas esas estudiantes de posgrado tenían un gran potencial, pero que el tono interrogativo distraía tanto que se interponía en el camino de su progreso. Cuando alguien se disculpa todo el tiempo sus argumentos pierden validez.

Peterson jamás halló evidencias de este patrón en hombres. Sus alumnos pecaban en todo caso de exceso de confianza. Podían ser abruptos y directos, proclives a agitar el dedo en el aire. Él se preguntaba entonces si debía dejar pasar el asunto, pero veía que eso frenaba a sus alumnas y que era algo fácil de remediar. Después de todo, el estilo interrogativo no está impreso en el ADN de una mujer. Así, siempre llamaba de buena gana la atención de quienes lo empleaban.

He aquí el maravilloso consejo que él nos dio antes de morir: "Habla con seguridad; si no pareces segura, ¿por qué alguien habría de creer en tus palabras?". Tras esa entrevista, a ambas nos consternó oír aquel dejo ocasional en nuestras frases —ignorábamos que lo teníamos— y las de nuestras hijas, algo que, en cambio, nunca oímos en nuestros hijos. "Dilo como si lo creyeras" se ha vuelto un mantra para nuestras hijas y nosotras.

Microseguridad: lo que sí y lo que no

Los grandes hábitos de la seguridad brindan una prescripción muy amplia para tener más confianza en nosotras. Hazlos tuyos y podrás reprogramar incluso tu cerebro para ser más segura a largo plazo. A veces, sin embargo, también los remedios rápidos pueden servir. Nosotras encontramos algunas recomendaciones granulares y de pequeña escala, así como curiosos tips que vale la pena compartir, y desenterramos una vieja conseja sobre la confianza que deberías tratar de evitar.

- *Medita.* Una cabeza tranquila es la herramienta suprema de la seguridad, y la meditación es tan común y valiosa que ya se imparte incluso en algunos cursos de instrucción básica del ejército. ¿Recuerdas lo que dijimos sobre lo más sano que luce un cerebro en meditación? Se reprograma literalmente. Tu centro de temor, la amígdala, se encoge. Eres más capaz de controlar tus emociones y dar claridad y serenidad a tus metas. Claire intenta hacerlo regularmente, aunque falla con frecuencia (no el tipo de fracaso que nos interesa). Pero cuando lo hace, lo hace muy bien: "Me da un dominio increíble sobre mis pensamientos acrobáticos".

- *Sé agradecida.* Nuevas investigaciones demuestran que la gratitud es una de las claves de la felicidad y de la mentalidad optimista.[3] Búscala en las cosas pequeñas: cuando alguien te deja colarte en el tráfico, agradécelo en vez de salir disparada en pos de tu siguiente maniobra. Y recuerda: limítate a decir "Gracias". Agradece las palabras amables sobre ti y confía en que son sinceras. Esto transformará tu estado de ánimo y el solo hecho de decir: "Muchas gracias" también hará sentir bien a la otra persona.

- *Piensa en pequeña escala.* Combate la sensación de agobio dividiendo todo en partes. Separar un reto en las partes que lo componen y vencer así sea una décima de él, puede reforzar tu seguridad. "Yo tiendo al razonamiento lógico. Estudié ingeniería de sistemas, disciplina cuya esencia es descomponer en sus elementos problemas complejos", dice Linda Hudson. Simplificar todo lo que ve la ayuda a resolver problemas con aplomo. "Cuando algo me intimida, aun en mi vida personal, digo: 'De acuerdo, dividámoslo en partes que pueda manejar paso a paso'."

- *Descansa, muévete, comparte —en el orden que sea.* Sí, ya parecemos tu mamá, pero es cierto. La falta de sueño y ejercicio produce un cerebro ansioso. (Hemos probado y vuelto a probar esa teoría y no hay forma de eludirla.) Además, estar con amigos eleva nuestro nivel de oxitocina. Así que pasa tiempo con tus amigas sin sentirte culpable.

- *Practica posiciones de poder.* Sentarte derecha aumentará a corto plazo tu seguridad, según un estudio reciente de Richard Petty y colegas.[4] Haz la prueba ahora mismo. Mete la panza. Alza la frente. Así de sencillo, y de infrecuente. Trata de asentir moviendo la cabeza; esto te hará sentir más segura al hablar y enviará una señal subconsciente que inducirá a los demás a estar de acuerdo contigo. Y sí, siéntate siempre a la mesa. De lo contrario, te privarás de poder por no sentarte con quienes lo tienen.
- *Finge hasta que lo logres.* Ésta es la recomendación por evitar; adopta por tu cuenta y riesgo esta muestra de la psicología popular. Originalmente una observación de Aristóteles, "los hombres adquieren una cualidad particular actuando constantemente de cierta manera", en su versión moderna se ha empañado con su insinuada jactancia y si se le ejecuta de ese modo, puede salir mal fácilmente. La noción misma de traicionar nuestra esencia es contraria a la premisa central de este libro. La seguridad no tiene nada que ver con fingir o montar un acto; surge de una realización y esfuerzo genuinos. Jenny Crocker nos dijo, de hecho, que fingir no sólo no refuerza la seguridad, sino que, al contrario, casi infaliblemente la reduce, porque hacernos pasar por algo que no somos nos provoca ansiedad. Además, por buenas que seamos para fingir, proyectaremos sin duda las sutiles señales de falsedad descritas por Cameron Anderson, lo que tampoco servirá de mucho.

El atractivo de fingir, así sea sólo un rato, es que ofrece un apoyo, un punto de partida. He aquí una mejor forma de reformular la premisa de un incentivo rápido a la seguridad: "No finjas ser lo que no eres; actúa. Comete una pequeña osadía y la siguiente te será más fácil; pronto tendrás seguridad en abundancia". Sabemos que "Finge hasta que lo logres" suena mejor, pero esto otro realmente funciona.

- *Toma el envase*. Cuando todo lo demás falle, siempre podrás usar el aerosol de oxitocina. Nosotras ya lo probamos. Nuestros esposos parecían encantadores y nuestro trabajo e hijos manejables. ¡Moderna seguridad líquida! Por otro lado, también hicimos ejercicio y nos sentamos derechas, así que ésos fueron, lo admitimos, resultados imprecisos de un estudio poco científico.

7 Ahora, transmite el mensaje

C uando **Jim Stigler** hacía un posgrado en psicología, viajó a Japón para estudiar métodos de enseñanza distintos. Un día se vio en la última fila de una clase de matemáticas llena de niños de diez años. El maestro quería que los niños dibujaran cubos tridimensionales, y uno de ellos tenía muchas dificultades para lograrlo, produciendo figuras que parecían deformes. El maestro lo hizo pasar al frente del salón y le pidió dibujar su figura en el pizarrón. Esto sorprendió a Stigler. En un aula estadunidense no se escoge al niño que *no puede* hacer algo; esto se consideraría aún más humillante para el pobre chiquillo.

El niño se puso a dibujar frente a todos, pero seguía sin poder hacerlo bien. Cada tantos minutos, el maestro volteaba hacia el grupo para preguntarle qué pensaba de los esfuerzos de su compañero y los demás sacudían la cabeza: "No, aún no está bien". Mientras el ejercicio continuaba, el propio Stigler se puso nervioso y comenzó a sudar. "Empaticé con ese niño", dice. "Pensé: '¡Va a romper a llorar!'." Pero el chico no se desplomó. Siguió adelante, con paciencia y determinación. Y por fin le salió bien. El grupo entero estalló en aplausos mientras el niño tomaba asiento sonriendo, orgulloso de su proeza.

Stigler, ahora profesor de psicología en la University of California en Los Ángeles, llegó a la conclusión de que la gran diferencia en la forma en que Occidente y Oriente ven la educación tiene un efecto enorme en la seguridad en uno mismo.[4] Y esto tiene que ver con el esfuerzo. En Estados Unidos, dice Stigler, "vemos el empeño como un indicador de que, en

175

realidad, no eres muy listo. La gente lista no se esfuerza; todo lo entiende naturalmente. En las culturas asiáticas, el empeño suele verse como una oportunidad".

Esto entraña una lección para los padres, lo mismo que para todos aquellos en posición de guiar a las mentes jóvenes. Al escribir este libro, nosotras acabamos por creer que la seguridad es una de las cualidades más importantes que podemos infundir en nuestros hijos. Pero no nos referimos a reciclar la gastada y estereotipada técnica de que los padres les digan a sus hijos —e incluso intenten convencerlos de— que pueden hacer lo que quieran. Suena bien. Pero los niños saben que es una afirmación vacía. Son criaturas ansiosas de pruebas tangibles.

La seguridad da a los jóvenes algo completamente distinto: fe en su aptitud para hacer cosas, correr el riesgo de fallar y mantener entre tanto calma y equilibrio. La seguridad pone herramientas significativas en sus manos, no promesas frágiles en su cabeza. Esto no garantiza el éxito, pero quita, sobre todo, límites autoimpuestos. Esto es lo que nosotras queremos para Felix, Maya, Jude, Poppy, Hugo y Della. Y se trata de una posibilidad, una ventaja, que todos los padres, sea cual fuere su credo, cultura o nivel económico, pueden ofrecer a sus hijos.

Elogia el progreso, no la perfección

En Japón, Stigler descubrió que enfrentar y vencer obstáculos da la oportunidad de demostrar que tienes lo indispensable para triunfar. En las aulas japonesas, los maestros suelen asignar a sus alumnos tareas ligeramente más difíciles que las que ya les enseñaron, para que puedan enfrentar algo un poco fuera de su alcance. Después, una vez resuelta la tarea, el maestro los ayuda a ver que fueron capaces de hacer algo que creyeron que no podrían, gracias a su trabajo e intenso esfuerzo.[2]

Enseñar a un niño a aceptar y hasta abrazar el empeño, en vez de rehuirle, es un paso crucial en el camino al inculcamiento de la seguridad. Se muestra así al niño que es posible avanzar sin ser perfecto.

Ya mencionamos la reacción contra el movimiento de la autoestima. Pero a los psicólogos les preocupa que aún no aprendamos las lecciones que eso debió enseñarnos; que sigamos sin permitir que nuestros hijos se esfuercen lo suficiente. Temen que estemos educando a una generación de narcisistas, jóvenes a lo que se les ha dicho que todo lo hacen bien, y que por tanto no ven la necesidad de mejorar. Jean Twenge, profesora de psicología de la San Diego State University, hace sonar la alarma respecto a los "chicos del milenio" educados por padres ansiosos de premiar cada uno de sus pasos con la frase ubicua y exasperante "¡Bien hecho!".[3] Esos chicos, dice Twenge, buscan atención, conceden una importancia desproporcionada a la apariencia y la categoría y hasta podrían tener dificultades para establecer relaciones sólidas.

Quizá reconozcas a algunos de ellos. Son los chicos que jugaban en ligas de futbol en las que todos ganaban y no se permitía que nadie perdiera. Los de la generación que recibía un trofeo por el solo hecho de presentarse al partido de basquetbol; chicos cuyos cariñosos, trabajadores y atormentados padres de la generación baby boomer creían que decirles que eran perfectos era el mejor antídoto contra la áspera disciplina con que ellos mismos fueron educados. Además, relajar las reglas y reducir las expectativas respecto a los hijos parecía compensar esos largos días en la oficina.

Sin embargo, cuando decimos a nuestros hijos que ya son perfectos, los alentamos a evitar todo lo que les parece difícil. ¿Y cómo vas a enfrentar de grande el fracaso cuando jamás se te permitió perder en la Liga Infantil? El ciclo de perder, arreglártelas con la derrota y volver a ponerte de pie para hacer otro intento es un componente esencial de la maestría, para no hablar de la seguridad.

Esto no significa que todo elogio sea malo. La psicóloga Nansook Park dice que los padres sólo deberían hacer elogios específicamente relacionados con una tarea, y lo más precisos posible, en especial cuando los hijos son muy pequeños. Imagina que pides a tu hijo de cuatro años que te ayude a poner la mesa. Si sigue tus instrucciones de cómo poner las cucharas, Park sugiere que decir "¡Eres el mejor hijo del mundo!" es

177

demasiado general. "Tienes que ayudarlo a darse cuenta de lo que hizo", dice Park, "así que dile algo como 'Me gustó cómo pusiste las cucharas'." Y si las revolvió con los tenedores y los cuchillos, qué importa. Lo que importa es que lo intentó.

Deja entonces que tus hijos revuelvan los cubiertos, se caigan de la bici, se vengan abajo del pasamanos. Y deja de alterarte por eso. *Tu* manera de reaccionar puede contribuir a crear en tus hijos un espíritu de independencia y la aptitud de correr riesgos.

Katty se ha enorgullecido siempre de instar a sus hijos a valerse por sí mismos; considera esto una de las principales diferencias entre sus amigos británicos y los estadunidenses. Estos últimos son más protectores, y más entrometidos en las minucias de la vida de sus hijos. Los británicos son más *laissez-faire*. No se han librado del todo de la filosofía victoriana de que a los niños "se les ve pero no se les oye". No obstante, cuando repara en lo poco que les ha permitido fracasar, le asusta lo difícil que le ha sido aplicar este consejo. "A veces llegan muy nerviosos conmigo quince minutos antes de irse a la escuela, llorando y diciendo que se les olvidó hacer algo importante de la tarea. Una parte de mí siempre se siente tentada a exclamar: '¡Lástima! Debiste acordarte anoche mientras veías la tele'. Pero, inevitablemente, no los puedo ver llorar, saco un lápiz y los 'ayudo' a terminar a tiempo."

No podemos tolerar el sufrimiento de nuestros hijos, así que resolvemos sus problemas en la escuela, el deporte y con sus amigos. A la larga, sin embargo, terminan por depender demasiado de nosotras y se acostumbran a que lo malo simplemente se les quite de su camino.

Cómo freír un huevo

Así sea la causa el sobreprivilegio o la sobreprotección, muchas de nosotras no hemos enseñado a nuestros hijos a enfrentar los retos básicos de la vida.

Jane Wurwand, la fundadora de Dermalogica, reconoce con una franqueza agradecible que consintió mucho a sus dos hijos y que teme haberles hecho un flaco favor. Pero nunca es demasiado tarde para marcar un cambio, así que ella ideó un remedio muy sencillo: comenzar por lo fácil.

"No tiene que ser aprender ballet o chino; puede ser algo mucho más simple", dice. "Mis hijos fueron a buenas escuelas privadas, pero no aprendieron a lustrar sus zapatos. No les enseñé que pueden hacer cosas básicas por sí mismos. Todas deberíamos hacer una lista de veinte cosas pequeñas que nuestros hijos deben poder hacer para afrontar la vida."

He aquí algunas cosas de la lista de Jane. Verás que no es difícil hacer la tuya.

Llamar a un amigo en lugar de textearle
Lavar la ropa de uso personal
Tomar el camión
Freír un huevo
Coser un dobladillo
Cambiar un botón
Ver a un amigo en lugar de poner comentarios en Facebook

Vuelve divertida la experiencia. Conviértela en un juego si es necesario (aunque no la retribuyas con un premio). Sea cual fuere —un huevo, un botón, un viaje en autobús por vez—, enseña a tus hijos que pueden dominar las habilidades básicas de la vida. Y he aquí tu verdadero reto: cuando no pasen la prueba, quemen la cena o pierdan el camión, no te precipites a remediarlo ni te enojes. Para todos, el dominio de habilidades requiere aptitud para tolerar la frustración; y si tú reaccionas pronto con una mano útil o con agitación, tu hijo no desarrollará esa tolerancia. Respira y déjalo que lo arregle solo. Déjalo fracasar.

No tiene que ver contigo

En Irlanda, el Department of Health and Children (Departamento de la Salud y la Infancia) trató de cuantificar recientemente el efecto de los padres en el bienestar mental de sus hijos. Describió la salud mental positiva como "estar seguro de lo que eres" y ser capaz de "hacer frente a cosas", por igual atributos clave de la confianza en uno mismo.[4] Preguntó a jóvenes de todo el país qué dañaba su salud mental. En la lista de agravios: que la gente juzgue cómo se ven, la presión de la escuela y los exámenes y la dinámica familiar. ¿Uno de los factores familiares más perjudiciales?: "Tener que cumplir las expectativas de los padres, porque a veces quieren que tú vivas su sueño". Cuando animamos a nuestros hijos a probar cosas nuevas y correr riesgos, debemos estar ciertos de que lo hacemos por ellos, no por nosotros.

Las autoras vemos todo el tiempo a padres cuyo prestigio parece depender de lo bien que les vaya a los jóvenes Henry o Hannah. Son los padres que avergüenzan a sus hijos librando duelos de gritos con el árbitro en el campo de futbol. O, con mejores intenciones pero quizá el mismo daño, los que pasan largas noches estudiando con sus hijos adolescentes para un examen decisivo, diciéndose que nada más los están ayudando cuando la verdad es que no soportan la idea de que no sean exitosos. Y todos hemos leído las historias de horror de padres que se presentan a la primera entrevista de trabajo de su hijo.

Lo que sí tiene que ver contigo es lo que tus hijos aprenden al verte, el ejemplo que les das. Cuando te ven esforzarte y salir airosa, o sencillamente trabajar con esmero, lo absorben. Tanya Coke, nuestra amiga abogada consumada, cree que a esto se debe que muchas afroestadunidenses tengan el arraigado hábito de prestarse a ayudar, cultivado por sus madres.

"Las negras de mi generación crecimos habituadas a ocuparnos de todo", dice. "Teníamos que hacerlo. La mayoría crecimos en familias con madres que trabajaban fuera de casa. No recuerdo a ninguna amiga mía cuya madre no trabajara. Así, el modelo era sólido: hacer lo que fuera necesario para apoyar económicamente a nuestra familia. No cuestionamos la necesidad de salir y tomar el mando si es preciso. Claro que eso no significa que no sea difícil una vez que estamos ahí."

Formar hijas seguras

Muchas de las lecciones que nosotras recogimos sobre el aumento de la seguridad se aplican a todos nuestros hijos, pero algunas son específicas de nuestras hijas. Cuando se trata de infundir seguridad, formar a las niñas para que sean más asertivas e independientes implica un esfuerzo consciente, el cual va de la mano de alentarlas a ser menos buenas.

Esto comienza de manera muy inocente. ¿Qué adulto, padre o maestro agobiado no aprecia a una niña servicial, silenciosa y generalmente bien portada? Admitámoslo: las niñas que requieren "poco mantenimiento" son más fáciles de tratar. No es que promovamos deliberadamente la idea de que las niñas deben ser buenas; es sólo que les cuesta menos trabajo lograrlo a temprana edad. Como se analizó en el capítulo 4, el resultado es que, en forma consciente o no, las niñas aprenden al instante que ese comportamiento es una vía rápida al elogio. Esto se convierte pronto en un ciclo de recompensas difícil de detener y el resultado es que enseñamos subconscientemente a nuestras hijas a no alzar la voz ni exigir que se les escuche, o a no demandar casi ninguna otra cosa. Cuando nuestra atención varía, esos hábitos ya son difíciles de abandonar.

No estamos sugiriendo el cultivo de beligerancia en nuestras hijas, pero ese ciclo constante de presión y recompensa por una buena conducta no ayuda a las jóvenes a sentirse seguras más tarde en el turbulento mundo del trabajo. El impulso que permite a muchos chicos no hacer caso de padres fastidiosos, incumplir "toques de queda" y resistir el baño diario es el mismo que en la edad adulta los inmuniza contra temer molestar a su jefe pidiéndole aumentos de salario y ascensos. A ellos les preocupa menos incomodar a sus superiores porque, a diferencia de sus hermanas, no se les enseñó a acatar órdenes y su cerebro no está programado para ser tan sensible a críticas.

Cuando —reconozcámoslo— eres un padre extenuado con una hija en cuya buena conducta puedes confiar, la vida se te facilita enormemente. Pero si quieres que ella tenga después la seguridad necesaria para oponerse al sistema y defenderse, tienes que alentarla a ser un poco mala.

Éste es un proceso en dos pasos. Primero, no critiques demasiado su mal comportamiento. Cuanto tu preciosa hija interrumpa, grite, haga un berrinche o rompa su vestido nuevo, controla tu reacción de reprenderla. Y en especial, controla tu reacción a decirle que está rompiendo el molde, como si estuviera obligada a ser una niña modelo. Frases como "Me decepcionas, Mary; tú no eres de las que hacen escándalo/no ayudan/ se portan mal" deben desaparecer.

Segundo, no alabes en exceso su buena conducta. Esto parece contraintuitivo, casi erróneo, pero es el otro lado de la moneda de tratar que nuestras hijas abandonen el hábito de sentir que tienen que ser ideales siempre. Porque si constantemente recompensas a tu hija por ayudar, guardar silencio o ser ordenada, le inculcas una adicción psicológica a ser buena y al consecuente elogio.

Recuerda: nunca sabes lo recia que resultará esa conducta independiente. Escucha a la exjefa del distrito escolar de Washington, D.C., Michelle Rhee, la mujer que intentó reformar por sí sola una de las peores zonas escolares de Estados Unidos. Combatió a los sindicatos, enfureció a los padres y jamás pareció importarle. Eso le dio mucho poder. "Me importa un comino si la gente me quiere o no, y todo indica que nunca me ha importado", dice ella, riendo. En lo más álgido de la revuelta de las escuelas públicas del Distrito de Columbia, que Rhee supervisó, periodo en el que se le atacaba en la prensa todos los días, su madre fue a pasar una temporada con ella. Un día, la señora encendió la televisión y vio a personas que gritaban a su hija en una junta escolar. Apagó la tele y abrió el *Washington Post*, sólo para toparse con dos páginas repletas de más virulencia de padres y maestros contra Rhee. Cuando ésta llegó a casa esa noche, su angustiada madre la halló en la cocina preparándose un sándwich de crema de cacahuate. "Llegó a la cocina y murmuró: '¿Estás bien?'. Yo le contesté: 'Sí, muy bien'", recuerda Rhee. "Y ella añadió: '¿Sabes? De niña jamás te importó lo que los demás pensaran de ti. Siempre creí que de grande serías antisocial, pero ahora veo que te sirvió de mucho'."

Nosotras acabamos por darnos cuenta también de que la seguridad no es igual en cada hijo. Katty tiene dos hijas, Maya y Poppy, que son prueba viviente de que la confianza en una misma puede expresarse de formas muy distintas.

Maya, ya una adolescente, es dócil y servicial, aunque también muy resuelta y hasta obstinada. Sin duda es una líder que, con su pacífico estilo, no se deja influir por sus amigas ni por sus padres. Trátese de novios o drogas, está muy segura de lo que quiere y no siente la menor necesidad de plegarse al grupo. Su seguridad es serena pero firme. Poppy, su hermana menor, es segura en una forma completamente distinta, más de frente. "Ninguno de mis hijos había dicho no con tanta determinación hasta que nació Poppy", dice Katty. "Los otros tres fueron muy calmados. Pero a Poppy no le importa lo que la gente piense de ella, trátese de mí, sus maestros y sus hermanos. No le interesa complacer a nadie. Si está enojada contigo, te lo dirá. Si alguien no le cae bien, no lo ocultará. Si le propones un plan que no sea de su agrado, dirá que no. No tiene ningún problema para expresar todas sus emociones en todo momento. A veces esto es exasperante, y ciertamente agotador, pero no cabe duda de que ella confía en sí misma."

Desalienta la perfección sin sentido

El empeño en adoptar de chica el aura de niña buena siembra las semillas de la intención de ser perfecta como mujer. Las niñas interiorizan la lección de que deben hacer bien todo para ser las mejores de la clase, lo que las lleva al perfeccionismo. Pero esto termina por sofocar el éxito verdadero. La perfección es enemiga de lo bueno. Es también enemiga de la seguridad.

El riesgo es particularmente agudo para las jóvenes de alto rendimiento. En su libro *Supergirls Speak Out: Inside the Secret Crisis of Overachieving Girls* (Las superniñas se sinceran: la crisis oculta de las jóvenes de alto rendimiento), Liz Funk describe cómo muchas jóvenes llevan tan lejos ahora el reto de ser extraordinarias que se fuerzan a llegar a un punto crítico.[5]

Las jóvenes de alto rendimiento podrían creer que rompen todos los récords estudiando tanto, pero en realidad no les va tan bien como les

LA CLAVE DE LA CONFIANZA

iría si aflojaran un poco el paso. Cuando entran a trabajar, asumen demasiados proyectos, porque creen ser las únicas capaces de hacerlos bien. Ponen tanto esmero en ejecutar sus tareas diarias a la perfección que no se dan tiempo para alzar los ojos y percibir la amplia visión panorámica. Convencidas de su camino, suelen ser imposibles de cuestionar y a la larga se distancian de sus compañeros, sin lograr avanzar entre tanto. Esto no es seguridad; es una rectitud miope y disgregadora.

He aquí algunas ideas para desalentar el perfeccionismo en tus hijas:

- Elógialas con moderación, no con exceso. Decir "Te felicito por haberte esforzado tanto en esto" es mucho mejor que decir "Eres la mejor estudiante del mundo".
- Ayúdalas a sentirse satisfechas cuando hacen su mejor esfuerzo, más allá de que les haya ido mejor o peor que a las demás.
- Hazles ver que tú tampoco eres perfecta. Cuando cometas un error, no lo ocultes. Enséñales después que el mundo no se terminó porque tú hayas tropezado.
- El humor siempre sirve. Reírte de tus errores alentará a tus hijas a ver que es bueno que ellas se rían de los suyos. Un poco de humor y perspectiva ayuda a desinflar el afán de perfeccionismo.
- Recuerda con ellas fracasos que ya no duelen u obstáculos que ellas han vencido. Ésta es una manera útil de alentar perspectiva y resistencia.

Aprieta en rosa

Lego, la famosa compañía juguetera, tuvo una gran idea en 2011: lanzar una línea de piezas rosas y venderlas en juegos de princesas. Era una decisión que reafirmaba estereotipos al tiempo que aseguraba ventas. Esa compañía triplicó el número de niñas compradoras de sus piezas y cerró significativamente la brecha de género de los aficionados a Lego.

Frente a miles de millones de dólares pastel que ponen a las niñas en un casillero distinto, para no hablar de tus prejuicios inconscientes, invertir esas tendencias culturales puede ser muy difícil. Pero si las niñas han de adquirir la seguridad que sus compañeros de juegos parecen conseguir tan fácilmente, tenemos que combatir el estereotipo y mostrarles a nuestras hijas que también ellas pueden ser ingenieras, ases tecnológicas y genios financieros.

Tómese el ejemplo de las ciencias y las matemáticas. Un informe de 2009 de la Organización para la Cooperación y el Desarrollo Económicos (OCDE), el club de los países más desarrollados del mundo, indicó que menos de cinco por ciento de las jóvenes espera trabajar en ingeniería y ciencias de la computación cuando crezcan. La cifra equivalente para los varones es de dieciocho por ciento.[6] Puesto que aquellos dos campos se fundan en firmes habilidades matemáticas, la suposición podría ser que las mujeres no son buenas para las matemáticas. Pero no es así. Ese informe ratifica que en la resolución de problemas casi no hay diferencia entre las calificaciones de muchachos y muchachas. De hecho, en algunos países (Islandia, Noruega y Suecia), a las mujeres les fue mejor que a los hombres, y sólo en Macao, región administrativa de China, a los hombres les fue mejor. Las mujeres son perfectamente diestras en matemáticas, sólo que no creen serlo. Ese informe de la OCDE confirma en realidad todo lo que nosotras descubrimos sobre las jóvenes, la capacidad y la seguridad. "Las mujeres tendieron a reportar menos eficacia personal relacionada con las matemáticas que los hombres en casi todos los países", dice el reporte, "mientras que los hombres tuvieron por lo general una opinión más positiva de sus aptitudes que las mujeres. Éstas experimentaban más sentimientos de ansiedad, impotencia y estrés en las clases de matemáticas que los hombres, en treinta y dos de los cuarenta países."

Aun si a tus hijas les gustan los Legos de color rosa o los trajes de encaje de las bailarinas, no hay razón de que no las orientes al mismo tiempo a las matemáticas y las ciencias. Debemos cambiar la manera en que las jóvenes se relacionan con estas últimas.

Algunas sugerencias:

- Elabora un relato en aumento que coloque a tus hijas en un mundo científico. El tiempo, el cambio de clima, nuestros alimentos, cómo viajamos, enfermedades y alergias, la computadora en la que ellas usan Facebook: todas estas son áreas de la ciencia que pueden disparar su imaginación. Los maestros han descubierto que, en la educación media, las jóvenes son mucho más receptivas al estudio de la ciencia si ésta se les presenta como un estudio social que como un tema aparte.
- No caigas en la trampa de menospreciar tu aptitud para las matemáticas, ni siquiera en broma. ¿A cuántas mujeres no les has oído decir: "Estoy negada para las matemáticas"? Esa autoevaluación hace directamente el juego al estereotipo falso de que las mujeres son buenas para escribir y los hombres son buenos para las matemáticas. Más bien, insiste poco a poco en lo fabulosas y útiles que te parecen las matemáticas. Tú eres para tus hijas el modelo más efectivo.

Y permíteles desenvolverse físicamente, aun si ésa no parece una inclinación natural en ellas. El deporte es para las jóvenes una forma vital de aprender a competir abiertamente. Karen Kelser, quien dirige uno de los principales programas de futbol para niñas en Washington, D.C., cree firmemente que hacer deporte brinda una formación esencial, no para obtener una beca o ir a las Olimpiadas, sino para el mundo real. "Es un reflejo de la vida como pocas otras cosas", dice. "Las jóvenes no tienen muchas otras oportunidades de trabajar en equipo, ganar, perder, aprender a sobreponerse al fracaso y a ayudarse entre sí."

Kelser concentra a las jóvenes de su liga en dominar habilidades más que en acumular victorias fáciles, y aunque en ocasiones eso puede frustrar a padres competitivos, ella cree que perder es sano. Además, dice que ayudar a las jóvenes a desarrollar habilidades sólidas en un periodo más largo les otorga una seguridad más perdurable.

A Kelser le preocupa que en la preparatoria muchas jóvenes dejen de practicar deportes competitivos ahuyentadas por el interés casi exclusivo en ganar, más que en el desarrollo a largo plazo.

- Si tus hijas practican un deporte, no les permitas dejarlo cuando se complique; nadie es perfecto en los deportes.
- Inícialas lo más pronto posible. Es más fácil que te acostumbres a chocar con otros cuando tienes cuatro años que diez, y acostumbrarse a eso puede ser aún más difícil para las mujeres.
- Si tus hijas no se sienten inclinadas a formar parte del agitado mundo del futbol o el basquetbol, piensa en opciones como natación, karate o atletismo. A la hija de una amiga nuestra no le gustan los deportes en equipo, pero a los doce años empezó a jugar squash y le encanta. Permíteles destacar y fallar en algo aparte de sus tareas o exámenes.

Y apuntar a modelos en todos esos campos, sea ciencias, negocios, política, artes o deportes competitivos, es esencial. Los modelos abren una puerta a lo posible y alientan a nuestras hijas a esforzarse por cumplir una meta tangible representada por un rostro femenino, más que aspirar a una fantasía dudosa encarnada por una pieza de plástico cubierta de satén y coronada con una tiara.

Claire sintió el poder de los modelos en forma muy profunda mientras hacíamos nuestra investigación para este libro. Llevó consigo a Della a ver entrenar a las Mystics. A Della le gusta jugar basquetbol, y llevaba puesto su uniforme, además de una pelota. Sólo había visto a basquetbolistas adultas en televisión y ver a las Mystics en persona la empujó a admirar en silencio toda esa agilidad, fuerza y altura femeninas en la cancha. En cierto momento, Claire y Della fueron al baño. La hija no suele hacer mucho caso a los espejos, pero esta vez se detuvo frente a uno para verse de cuerpo entero, como nunca la había visto Claire. "Se estaba evaluando, dio la vuelta, movió el balón, contemplando evidentemente si daba la talla conforme a lo que acababa de ver", recuerda Claire. "*Media hora* de exposición a esas jugadoras había abierto quizá una puerta mental. Luego de inclinar la cabeza ante lo que veía, volteó y dijo: 'Volvamos a la cancha, mamá'."

Sé amable, honesta y firme

Muchas de las lecciones que podemos transmitir a nuestras hijas se aplican también a otras mujeres con las que convivimos. A veces basta decirles que la seguridad es una decisión que podemos tomar. El solo hecho de hacer conciencia de eso motivará a algunas a aumentar sus reservas de seguridad. Pero a menudo necesitan consejos más concretos. ¿Cómo puedes lograr que todas tus amigas y conocidas (así como las jóvenes en general) realmente talentosas pero incapaces de creer en sí mismas confíen en que pueden tener éxito?

Un firme primer paso es alentarlas a reconocer sus éxitos y a hablar más de ellos. Las investigaciones indican que eso no sólo nos ayuda a reformular nuestras ideas, sino que también conduce directamente a más éxitos laborales.

En una encuesta de Catalyst realizada en 2011 entre tres mil graduados estadunidenses de maestría en administración de empresas se analizó qué sucedía cuando las mujeres seguían las nueve estrategias del empleado ideal; por ejemplo, especificar sus metas profesionales, solicitar tareas de alto perfil y dedicar tiempo a cultivar a sus jefes.[7] En ocho de esas estrategias, las mujeres no marcaron diferencia alguna. Pero en la restante se desempeñaron muy bien: la de hacer sus logros del conocimiento de sus superiores. Según Catalyst, las mujeres que emplearon esa estrategia "avanzaron más, se sintieron más satisfechas con su carrera y vieron crecer su compensación en mayor medida que las menos concentradas en llamar la atención sobre sus triunfos".

No hay razón de que las jóvenes tengan que disculparse por hacer notar sus éxitos. Los hombres alardean de ellos en el trabajo todo el tiempo. Un hombre suele acercarse gustosamente a su jefe con una gran sonrisa, un apretón de manos y ruidosas loas a sus triunfos imponentes. Haz saber a tus amigas o discípulas que deben promover sus logros y que sus jefes quieren conocerlos. Pueden difundir sus aciertos sin parecer engreídas: "¿Supiste que ganamos el premio por dirección creativa? Estoy muy orgullosa de mi equipo".

La ex secretaria de Estado estadunidense Madeleine Albright dice que en el infierno hay un lugar especial para las mujeres que no ayudaron a otras. Por fortuna, muchas mujeres en puestos de alto rango hacen cuanto pueden por ayudar a sus seguidoras a ascender. Comprenden que su propio éxito se medirá por el legado de talento que dejen.

Christine Lagarde, la directora del FMI, se siente muy orgullosa de la seguridad que le confiere estar en un puesto que le permite ayudar. "Ocupamos una posición de liderazgo; es nuestro deber con la comunidad buscar la contribución de las mujeres." Describe que, en reuniones o conferencias de prensa, busca activamente a la mujer que teme alzar la mano. "El lenguaje corporal y el contacto visual te indican que una mujer está preparada, pero que no se atreve a levantar la mano o hacer una contribución." Lagarde interviene en esos momentos, abordándola. "'Usted, la de atrás, ¿quiere decir algo? ¡Vamos, participe!' Es muy grato hacer esto", dice, con su amplia sonrisa de siempre.

Lagarde ya está harta igualmente de que los hombres le digan cuánto les gustaría promover a mujeres, pero que no conocen ninguna que esté calificada para un alto puesto. Por este motivo, ella desarrolló La Lista. Lleva en su bolso los nombres de mujeres muy calificadas que ella cree que serían apreciadas en cualquier organización. Cuando un hombre le dice que no encuentra una buena candidata, ella saca La Lista.

Los respaldos potenciadores de mujeres destacadas son fenomenales, pero una manera más práctica de consolidar la seguridad diaria es impulsar a quienes te rodean a probar algo nuevo o a apuntar un poco más alto. A veces permitimos que nuestro deseo de ser amables y comprensivas se interponga en el camino de nuestra honestidad.

Claire tiene una amiga muy talentosa que no para de hablar de que va a poner un negocio, pero nunca lo hace. No cesa de identificar obstáculos:

que un socio no resultó muy bueno, que sus clientes estarían en Europa, que no quiere pedir el préstamo que necesita para arrancar. Durante varios años, Claire reaccionó a eso con amable compasión, hasta que un día no aguantó más y le dijo a su amiga que ya no oiría sus excusas. Temió que su amiga no le volviera a hablar, pero esa sinceridad fue el catalizador que la hizo entrar en acción.

Es grandioso que las mujeres nos apoyemos unas a otras, pero a veces el apoyo que una amiga o compañera necesita es un empujón. Cuando una persona se deprime o enfrenta un obstáculo, nos sentimos tentadas a compadecerla. Cuando se siente mal consigo misma, nuestro lado protector sale con una frase alentadora como "¡Pero si eres magnífica!", y luego sugerimos que se sentirá mejor si ella se repite ese mantra.

Pattie Sellers tiene muy buenas amigas. No les hizo caso al principio, pero ellas la instaron durante varios años, de manera contundente, a buscar un ascenso, porque se le subestimaba. Había trabajado veinticinco años en la revista *Fortune*. Además de ser editora general y ocuparse de muchas de las grandes entrevistas, había creado en gran medida (y supervisaba) la reunión anual Las Mujeres Más Poderosas de *Fortune*, que tenía ya mucho éxito. Pattie quería crecer, pero temía sugerírselo a sus jefes. Después de todo, tenía un empleo maravilloso, ¿para qué hacer olas? Por fin, sus amigas la convencieron, junto con su voz interior. "Me puse nerviosísima por esa reunión", recuerda ella.

Quizá adivinas cómo terminó esta historia. Pattie recibió un gran ascenso, un nuevo cargo y un aumento enorme. Ahora se ocupa del desarrollo de todos los eventos en vivo de Time Inc. "No sé qué pensé durante todos esos años (¡años!) que tardé en armarme de valor", confiesa. "¿Creí que me despedirían por pedir hacer más? Supongo que eso era lo que temía." Hace una pausa para pensar. "Imagino que pensaba que si pedía más, me echarían." Habiendo pasado profesionalmente mucho tiempo junto a Pattie, nos dejó casi atónitas saber que ella tuvo ese dilema. Pero, al final, tal experiencia elevó mucho su confianza. "Desde que pedí un puesto mejor y lo obtuve, tengo la sensación de que los jefes me valoran mucho más que antes. Aprendí la lección."

Sólo para resumir:

Realidad: *Es obvio que los jefes piensan que esa empleada es muy valiosa. Ella puede pedir fácilmente un ascenso.*
Lo que Pattie tenía en la cabeza: *No debía pedirlo, o se le despediría.*

Que el sistema de autoevaluación interna de las mujeres pueda ser tan impreciso resulta asombroso, alarmante, increíble y todas las demás palabras que ya hemos usado múltiples veces y que dan a entender eso mismo. ¡Tonterías! Por eso las amigas, conocidas y hasta desconocidas deben ser honestas y agresivas entre sí.

Todos esos sentimientos Hallmark de "Eres la mejor" podrían no dar resultado, de cualquier forma. Hace unos años, la profesora de psicología de la University of Waterloo Joanne Wood realizó un estudio que reveló que declaraciones positivas como "Soy grandioso, perfecto y digno de amor" pueden hacer más mal que bien.[8] Wood y su equipo efectuaron un estudio en el que pidieron a los participantes responder las diez preguntas de la escala de autoestima de Rosenberg. Luego los dividieron en tres grupos, según su lugar en la escala. A quienes obtuvieron los resultados más bajos en la escala de Rosenberg se les consideró de autoestima baja, mientras que quienes obtuvieron los más altos fueron puestos en el grupo de autoestima alta, y los de resultados intermedios en el de autoestima mediana. A las personas en los grupos inferior y superior se les asignó después al azar una de dos tareas: repetirse continuamente la declaración "Soy digno de amor" durante cuatro minutos, o escribir sus pensamientos y sentimientos, también durante cuatro minutos. Los hallazgos de Wood indicaron que las personas en el grupo de autoestima baja a las que se les asignó el mantra "Soy digno de amor" se sintieron peor consigo mismas después de repetir esa frase en comparación con las personas con autoestima baja que escribieron sus pensamientos y sentimientos reales. Wood cree que estos hallazgos resultaron de la brecha entre qué se indicó sentir a los participantes y qué sentían *realmente*. Repetir afirmaciones vacías sólo sirvió para subrayar lo lejos que esas personas creían estar de un estado anímico ideal. El ejercicio entero les hizo sentir un doble fracaso.

Así, en vez de decir repetidamente a tu amiga que es fantástica, aliéntala a actuar. A menudo, todo lo que se necesita para esto es una sugerencia, un comentario de una amiga o compañera de trabajo. "Deberías considerar ese puesto en el ayuntamiento." "Estoy segura de que podrías hacerte cargo de ese puesto de supervisión. Pídelo." Podemos ayudarnos más unas a otras dándonos permiso de actuar. Y para eso bien podría bastar con un empujoncito.

A veces ese empujón llega cuando menos te lo esperas. El poder de incluso una imagen fugaz de lo que es posible puede ser determinante para infundir confianza. Si eres una mujer en posición de autoridad, ten por seguro que otras te observan. Eres un modelo por el solo hecho de lo que eres y la posición que ocupas. Y debes saber que lo que esas otras mujeres ven en ti podría cambiar su vida. Esto es cierto en Estados Unidos y a menudo lo es más todavía en todo el mundo.

Recordamos eso a propósito de una visita al Departamento de Estado, donde se nos invitó a hablar con doscientas mujeres del mundo entero, todas ellas líderes en ascenso en sus respectivos países. Nosotras acudimos a hablar del poder creciente de las mujeres en el trabajo; lo que encontramos fue una lección de humildad de lo afortunadas que somos.

Aquellas mujeres habían creado empresas, contendido por puestos parlamentarios y enfrentado la opresión política. Una por una, tomaron el micrófono y hablaron de la vida que deseaban para sí mismas y su país. (Les interesó, y desconcertó, en particular que nuestros esposos apoyaran nuestra carrera y hasta ayudaran en las tareas del hogar y el cuidado de los niños; un recordatorio útil para la próxima vez que estemos tentadas a quejarnos.)

Luego del intercambio grupal, nos sentamos con Eunice Mussa-Napolo, de Malawi, quien nos contó de la mujer que sin saberlo le cambió la vida. Eunice creció en una ciudad pequeña. Nunca imaginó ir a la escuela y mucho menos tener trabajo. Las muchachas de pueblo no hacían eso en su país. Se vio casada a los doce o trece años, teniendo hijos y trabajando infatigablemente para que pudieran recibir una educación. "Hasta la niña de seis años se levantaba temprano, recogía leña y les hacía de desayunar a sus hermanos para que fueran a la escuela", nos contó, sin pizca de autocompasión.

Pero un día vio algo radical: una mujer que conducía un coche. Eunice nunca había visto ni imaginado algo así. De donde ella era, las mujeres no conducían autos. Éste era un acto inconcebible de independencia, seguridad y agallas. Eunice fue osada desde niña, así que se aproximó a esa misteriosa mujer y se puso a platicar con ella. Si verla frente al volante había sido un estímulo, lo que oyó después fue totalmente revolucionario: aquella mujer era gerenta de un banco en una ciudad remota. Eunice quedó impactada y aceptó un consejo de la mujer: "Para que puedas hacer lo que yo hago", le dijo, "tienes que estudiar." Así, Eunice rogó y fastidió a su padre hasta que éste cedió y le permitió ir a sentarse junto a los niños en la escuela. Ella había visto, apenas efímeramente, lo que podía lograr. Pero se le quedó grabado.

Al principio siguió al pie de la letra el camino de su modelo, convirtiéndose ella misma en gerenta de banco. Pero esto no bastó para esa joven ambiciosa y cada vez más segura de sí. "Supongo que sencillamente me apasioné por la difícil situación de las mujeres", nos contó. Decidió hacer algo muy arriesgado: contender por un escaño en el Parlamento. Después de una campaña brutal contra nueve adversarios, todos ellos hombres, y sin conexiones políticas propias, alcanzó lo impensable: ganó.

8 La ciencia y el arte

Ambas habíamos recibido los correos electrónicos de Genomind y 23andMe con unos cuantos días de diferencia, avisándonos que ya estaban listos nuestros resultados. Esos mensajes acumularon polvo digital en nuestros buzones. Más tarde nos reímos de haber arrastrado los pies antes de armarnos de valor para conocer nuestros secretos genéticos, al punto de no habernos informado una a otra de la llegada de esos correos y de que debíamos proceder con ellos.

Desde que empezamos a familiarizarnos con tantos datos científicos pensamos que poner a prueba nuestros genes era una gran idea. Pero ahora, los resultados aún sin abrir parecían menos fascinantes que proféticos. ¿Y si nuestros genes sugerían que teníamos debilidades alarmantes?

Sin embargo, nos venció la curiosidad y programamos consultas telefónicas con los expertos en genética de cada una de esas compañías. La información que recibimos de 23andMe en un resumen electrónico era extensa: una detallada guía de caminos sobre futuros riesgos de salud. Cubría vínculos genéticos con muchas enfermedades graves; mientras nos desplazábamos por ellos medíamos nuestra perspectiva de sucumbir a todo, de mal de Alzheimer a afecciones cardiacas. Nos habíamos precipitado alegremente en la nueva frontera de las pruebas genéticas; pero cuando ves expuesto en blanco y negro tu posible futuro te pones a pensar. Nosotras habíamos tenido suerte: nuestro ADN no contenía ninguna sorpresa atemorizadora. Y obtuvimos igualmente datos fantásticos, aunque casuales, sobre nosotras mismas.

Katty tiene genes similares a los de grandes velocistas. (Es una lástima que haya dejado de correr en la preparatoria.) Y, al parecer, no distingue los sabores agrios. La genética de Claire confirma por su parte que la leyenda familiar acerca de una remota tatarabuela amerindia probablemente sea cierta, y desde entonces ha recibido docenas de datos complementarios sobre personas con las que quizá la relacione su ADN.

Los resultados de nuestro perfil psicológico de base genética fueron mucho más sorprendentes. 23andMe pudo analizar nuestro gen aprensivo/agresivo o COMT. Claire estaba cierta de que Katty sería agresiva, alguien que se desempeña bien bajo estrés, en tanto que ella misma sería aprensiva. Pero Emily Drabant Conley, neurocientífica de esa compañía, nos dijo que *las dos* tenemos variantes de COMT met/met, el identificador científico de las personas aprensivas. Eso fue una curva de beisbol. Las investigaciones indican que las personas que responden a este perfil se desempeñan muy bien en condiciones rutinarias, pero son mucho menos seguras y serenas en situaciones de alto riesgo. Drabant Conley nos hizo sentir mejor al recordarnos que una firme función cognitiva suele ir de la mano de la aprensión.

Nuestros resultados de oxitocina también fueron inesperados. Katty estaba cierta de que Claire tendría la variante protectora y acurrucadora del gen OXTR y ella no. Nuevo error. *Ambas* tenemos la variante que nos hace sentirnos bien con la gente y el mundo. Nos apresuramos a tomar esto como una grata compensación de la noticia acerca de nuestra naturaleza aprensiva.

Después hablamos con el doctor Jay Lombard, de Genomind, quien había prometido explicarnos con palabras sencillas qué significaban para nosotras lo que él encontró en nuestras pruebas de saliva. Como recordarás, Genomind hace pruebas similares a las de 23andMe, aunque generalmente más a fondo y destinadas a médicos. Sus científicos pueden analizar el gen transportador de serotonina, descrito en el capítulo 3, el cual puede ser decisivo para la confianza. Si tú tienes una o dos hebras cortas de este gen, podrías tender a la ansiedad, mientras que dos hebras largas significan predisposición genética a la resistencia. Ambas suponíamos que teníamos hebras largas; queríamos esa red de protección de la resistencia en nuestro ADN. (Sabemos que simplificábamos crasa e irresponsablemente así el complicado tema de la genética y sus implicaciones, porque comprendemos que los genes no son determinantes; pero en ese momento, en el teléfono, las apuestas genéticas parecían estar por completo en blanco y negro.)

Mientras el doctor Lombard nos decía nuevamente que los genes no significan todo, sentimos que intentaba allanarnos amablemente el camino. Y en efecto, nos dijo que el gen transportador de serotonina de las dos tenía una combinación corta/larga. En esencia, somos propensas a la ansiedad, quizá a la depresión, según los retos que la vida nos lance. El doctor Lombard coincide con nuestras conclusiones sobre los genes transportadores de serotonina y COMT: cree que ambos son cruciales en términos de su efecto sobre la personalidad en general y sobre el rasgo específico de la confianza. De hecho, cuando le insistimos, dijo que si se le hubieran dado nuestros datos sin saber nada acerca de nosotras habría concluido que ninguna estaba naturalmente dotada de los mejores componentes de la seguridad, aunque al mismo tiempo pensaba que nuestra variante de oxitocina era probablemente una ventaja.

Sin embargo, nos recordó de nueva cuenta que "todo esto es probabilidad, no realidad. El entorno, la epigenética, es lo que hace que los genes se enciendan o apaguen". Y señaló que "las personas con hebras cortas son también más vigilantes y adaptables, quizá más propensas a sobrevivir, a la larga, a situaciones peligrosas". Tal vez seamos ansiosas, pero sobreviviremos. Esta idea nos dio un poco de consuelo.

Desde nuestro punto de vista, teníamos dos genes malos para la seguridad y uno bueno. Tendemos a preocuparnos y ser ansiosas, pero también poseemos un optimismo natural y cordialidad hacia el mundo. En algunos momentos de nuestra vida eso nos describe, pero en otros no, en absoluto.

Durante varios días, nuestra imagen como aprensivas y estresadas nos inquietó. Perfeccionistas como somos, sentimos que no habíamos pasado la prueba, produciendo hebras débiles. Un tanto exasperados, nuestros esposos sugirieron que no debimos habernos hecho la prueba si los resultados nos iban a causar más ansiedad todavía. Nos dimos cuenta entonces de algo más acerca de nuestro papel secundario en el debate naturaleza/educación. Era obvio que ambas habíamos impuesto nuestra naturaleza sobre nuestra huella genética. Habíamos creado esos caminos laterales y subalternos que la neuróloga Laura-Ann Petitto nos describió. Aunque compartimos tres variaciones genéticas, nuestra personalidad apenas si guarda semejanzas. Katty es mucho más decidida y Claire más parsimoniosa, por ejemplo. A Katty le gustan los riesgos físicos, pero las confrontaciones difíciles le dan nervios. Claire no tiene el menor problema para tomar el teléfono con objeto de efectuar una negociación incómoda, pero no disfruta de arrojarse por la pendiente empinada de una montaña. De haber sido más jóvenes, quizá esas pruebas genéticas habrían tenido más influencia en nosotras. En las condiciones en que se presentaron, nos intrigaron, pero no nos definieron.

Además, si la variante del transmisor de serotonina que tenemos, con sus ominosas hebras cortas, es en efecto un gen de la *sensibilidad*, como cree Suomi, ambas resultaremos ser más adaptables y receptivas a nuestro medio y habremos recibido una buena educación, porque somos básicamente felices, exitosas y estables. (Ahora apreciamos de un modo muy distinto a nuestras madres, quienes quizá hayan hecho la misma labor heroica de las macacas madres de Suomi. Sí, las investigaciones de éste indican que las monas madres son, en esas circunstancias, más decisivas que los padres.)

Al final comprendimos que la desviación que tomamos hacia nuestra genética personal coincidía en gran medida con el argumento central de la seguridad descubierto en nuestro libro. Bien podemos haber comenzado con un ADN muy vago. Y ambas hemos tenido que vencer los nervios, el estrés y la ansiedad en nuestra vida. Pero hemos aprendido a hacerlo. Nuestras experiencias de vida, creemos, pesan más que nuestro dictado genético. El resultado es que hoy podemos trabajar y desempeñarnos con verdadera seguridad aun en condiciones de mucho estrés. (La televisión en vivo no es otra cosa que estrés puro, inmediato y sin rebajar.)

Nuestros resultados genéticos no nos explicaron por sí solos a nosotras mismas. Teníamos datos que no se correlacionaban del todo con lo que somos. Y esa inmersión en el misterio científico de todo esto nos preparó para nuestra última revelación sobre la desconcertante composición de la seguridad: que ésta no puede ser unitalla.

En nuestra misión de descifrar el código de la confianza vimos muchas muestras de seguridad: de mujeres que empuñan balones y armas, mujeres que hacen uso de libros de texto y tubos de ensayo, mujeres que frecuentan las salas del Congreso y las suites corporativas. Conforme precisábamos la visión panorámica a nuestros pies, nos percatamos de algo que no esperábamos ni habíamos considerado: que la seguridad de las mujeres suele tener una apariencia distinta a la de los hombres.

No estamos sugiriendo que exista una versión femenina de la seguridad, una especie de "pista de mamás" menos rigurosa y que nos excluye de los retos profesionales más interesantes y satisfactorios. El significado de la seguridad —y lo que ésta *hace* por las personas— es igual para mujeres y hombres. Hacer, trabajar, decidir y dominar son acciones neutras respecto al género. Pero nosotras terminamos por ver que, aun en su máxima expresión, el estilo y conducta de la seguridad no tiene por qué ser genérico, exhibir una marca de fábrica.

Ciertamente no tiene por qué ser el que aún hoy sigue siendo el modelo imperante de la conducta segura, honestamente no muy distinto a lo que habrías visto hace una generación: una dominante y apantalladora figura (muy probablemente) masculina actuando en forma decidida y afirmando su autoridad sobre los demás.

La jactancia laboral masculina —quizá alimentada por la testosterona e inspirada por *Mad Men*— sigue siendo el patrón de oro. Hoy es el patrón único. El afán de ganar a toda costa. El ansia ilimitada de riesgo. La propensión a tomar decisiones inmediatas. El énfasis en una interacción de altos decibeles y alto consumo de energía. Éstos son valores y métodos de conducta. A veces funcionan. Pero no son la definición de la seguridad.

Durante mucho tiempo ésa ha sido la forma en que las mujeres creímos que debíamos jugar si queríamos vencer y experimentar seguridad en nosotras mismas, aun si ésta parecía falsa y forzada. Era como si ponernos la armadura de una versión masculina de la seguridad nos transformara de alguna manera.

Afortunadamente, las cosas no tienen por qué ser así, no especialmente para las mujeres (y quizá también para muchos hombres). Para decirlo llanamente, nosotras resolvimos al fin el frustrante enigma con el que habíamos cargado más de un año: ¿tienes que ser un imbécil para ser seguro? No, por suerte. Nuestras investigaciones y conversaciones con docenas de muy poderosas y seguras mujeres apuntan en una dirección distinta, mucho más natural y auténtica. Es un enfoque por completo diferente. Los ingredientes son iguales, pero el producto puede ser único.

Comprender este matiz es esencial, porque, de no prestar atención, las mujeres nos veremos persiguiendo una vez más lo que no debemos. (Ninguna de nosotras se ha recuperado del todo de las hombreras y las corbatas de moño.) Peggy McIntosh, la especialista de Wellesley, cree que debemos entender que, sencillamente, la seguridad "se socializó al paso de los años con un despliegue agresivo, pero en realidad es mucho más amplia y a menudo más sutil".

¿Cuál podría ser entonces nuestra seguridad distintiva como mujeres? En afán de sencillez, he aquí una manera de concebirla:

Imagínate en el crisol moderno de la seguridad: una reunión de trabajo de alto nivel. Tú quieres decir algo importante sobre un proyecto en ciernes y sabes que no va a gustar. Esto suele convertirse para nosotras en un encuentro interior de lucha libre. Podría imponerse la desconfianza en nosotras mismas y hacernos callar. O podríamos obstinarnos tanto en transmitir autoridad y seguridad, y en no guardar silencio, que bien podríamos terminar por exponer estridentemente nuestro argumento, e incluso un poco a la defensiva, pero sin autenticidad.

Con esto queremos decir que hay una tercera vía. No siempre tenemos que hablar primero; podemos escuchar e incorporar en nuestros comentarios lo que los demás dicen, incluso apoyarnos en algunos colegas para que nos ayuden a exponer nuestra idea. Podemos compartir el crédito con los demás y no hacernos de enemigos posibles. Podemos hablar con calma, pero transmitir un mensaje inteligente, que sea escuchado. Para muchas de nosotras, la seguridad podría ser incluso callada. Cualquiera de éstas podría ser la apariencia de la conducta segura de las mujeres. (Claro que algunas somos naturalmente agresivas, pero para la mayoría la agresividad no es auténtica y es difícil sentirnos seguras cuando interpretamos un papel.)

Nuestra forma de ser seguras podría permitirnos incluso mostrar vulnerabilidad y cuestionar nuestras decisiones. De hecho, los psicólogos han acabado por comprobar que quizá haya un poder inesperado y desaprovechado en aprender a expresar nuestra vulnerabilidad, lo que en muchas de nosotras podría redundar en más confianza.

No obstante, debemos ser claras aquí, porque más de uno (en particular nuestros esposos) nos preguntó: ¿cómo puede ser lógico de repente mostrar debilidad o aprobar el cuestionamiento *a posteriori* de nosotros mismos? ¿Acaso no se nos ha dicho desde siempre que esa conducta *no es segura*?

Para exponer esta diferencia sutil, ofrecemos algunos ejemplos: expresar cierta vulnerabilidad puede ser una fortaleza, en especial si te pone en sintonía con los demás. Pensar demasiado en tus inseguridades y recrearte en la duda de ti misma no lo sería. Revisar tus decisiones con la mira puesta en mejorar es una fortaleza, lo mismo que admitir tus errores. Rumiar por días enteros decisiones ya tomadas o por venir no tiene nada que ver con la seguridad que imaginamos. Nuestra conducta segura no puede consistir en disculparnos, balbucear o retraernos. En efecto, si queremos dirigir, tenemos que ser escuchadas y debemos actuar. Nuestros instintos, si podemos identificarlos, nos ayudarán enormemente. Debemos empezar a confiar en nuestra intuición.

Esto fue lo que nosotras hallamos en mujeres diferentes con estilos diferentes: en la escueta compasión de Valerie Jarrett; en la cordialidad abierta e inquisitiva de la generala Jessica Wright y en la notable sinceridad de Linda Hudson. Como si se tratara de piedras preciosas, reunimos piezas de conducta del gran número de mujeres seguras que entrevistamos, intentando resolver, en el curso de nuestro proyecto, la seguridad que teníamos en mente cuando comenzamos con una variedad muy atractiva pero diferente, que veíamos desplegar en ocasiones. Determinación y claridad. Accesibilidad y, a menudo, buen humor. Las cualidades variaban. La combinación de nervios, vulnerabilidad y elegante confianza de Christine Lagarde ya no parecía contradictoria o desconcertante. Pero sobre todo, estas mujeres parecían estar a gusto consigo mismas.

Justo en plena preparación de este libro, Katty se percató de que cuando se siente más segura como periodista es cuando confía en su intuición al entrevistar, en vez de sucumbir a la presión de seguir el camino prescrito de ser supercombativa. "En nuestro campo hay una presión enorme para hacer con brillantez preguntas implacables. Debes ser vista como agresiva, en busca de la pregunta de '¡Te pillé!'. A mí siempre me ha preocupado no ser muy buena para eso, porque yo no soy así y se nota. Reparé entonces en que no es indispensable entrevistar de esa manera, con la que se persigue llamar la atención sobre el reportero antes que sobre el entrevistado. Esto me ayudó a librarme de dicha presión y a hacer preguntas más naturales e instintivas. Todo se reduce a desarrollar la seguridad necesaria para hacer las cosas a mi modo."

Queremos hacer una pausa aquí para dejar en claro que no tenemos anteojeras. Es cierto que en las oficinas corporativas sigue habiendo muchos gerentes de la vieja escuela, con una idea más tradicional de la seguridad, no particularmente femenina. Quizá a veces tengamos que dar uno o dos golpes en la mesa para complacer a un jefe de Cromagnon. En la televisión, ambas hemos aprendido a interrumpir ruidosa y autoritariamente a autoproclamados expertos para poder decir lo que queremos. Pero hay crecientes evidencias de que una visión más amplia de la seguridad es lo que ya arraiga en el trabajo. Un estudio reciente de la Stanford Business School indica que a las mujeres capaces de combinar cualidades masculinas y femeninas les va mejor que a todos los demás, incluidos los hombres.[1] ¿Cuáles son, según ese estudio, las cualidades masculinas? Agresividad, asertividad y seguridad. ¿Y las femeninas? Colaboración, orientación a procesos, persuasión y humildad.

Los investigadores siguieron durante ocho años a ciento treinta y dos egresados de esa escuela de administración y descubrieron que las mujeres con ciertos rasgos tradicionalmente masculinos, atemperados con femeninos, eran ascendidas 1.5 veces más que la mayoría de los hombres, dos veces más que los hombres femeninos, tres veces más que las mujeres puramente masculinas y 1.5 veces más que las mujeres puramente femeninas. Curiosamente, en ese estudio no se detectaron ventajas para los hombres que intentaban mezclar esos atributos.

Lo importante por extraer de esa investigación es que las mujeres no debemos deshacernos de las que podrían ser nuestras ventajas naturales. Debemos hallar nuestro propio camino y, en cuanto a la seguridad, ser nuestros propios modelos. Lo macho no tiene por qué ser nuestro mantra. La senadora estadunidense Kirsten Gillibrand es categórica a este respecto. Cuando le preguntamos si sería mejor que, como los hombres, las mujeres pudieran decir: "Soy la mejor", se alzó de hombros. "¿Por qué querría alguien hacer eso? No se trata de convertir a las mujeres en hombres, sino de que ellas celebren sus puntos fuertes. Deben reconocer que no son en absoluto deficientes. Deben saber qué se necesita para tener éxito y definirlo en una forma totalmente comprensible para ellas."

Gillibrand está harta de lo que considera el falso supuesto de que, en el Senado, quien habla más fuerte o más tiempo es el más eficaz. Su sentir es confirmado por los hallazgos de un estudio reciente de la Stanford University: las mujeres en el Congreso estadunidense han hecho aprobar más leyes que los hombres y trabajan más a menudo con miembros del otro partido.[2] (Quizá esto sucede mientras los señores pontifican en la Cámara de Representantes o el Senado.)

Michael Nannes, presidente del despacho nacional de abogados Dickstein Shapiro y un hombre más entre quienes accedieron generosamente a ser nuestras cajas de resonancia, cree firmemente que la seguridad puede exhibirse de muchos modos y dice estar a favor de un estilo menos agresivo. Nannes sugiere a las mujeres buscar una abertura quirúrgica al tratar de intervenir en una conversación dominada por hombres.

"Empéñense en tener un punto de vista distinto", dice. "Hablen con autoridad y no olviden hacer una contribución."

Cabe señalar que, a menudo, nosotras enarbolamos en el trabajo valores diferentes, lo que quizá influya en la manera en que proyectamos seguridad. De acuerdo con años de investigaciones corporativas, por ejemplo, las mujeres solemos tener otras prioridades más allá de las ganancias y utilidades y nuestro lugar en la jerarquía. Por lo general nos interesa más la moral de los trabajadores y la misión de la compañía, por ejemplo.[3] Imagina: si quieres darte aires, tenderás a intentar dominar las conversaciones. Si, en cambio, tu meta es forjar consensos, escucharás las opiniones de los demás.

La seguridad y el éxito se derivan de ejercer tus fortalezas y valores distintivos. Esta noción se ha convertido en una conocida herramienta de desarrollo de líderes. Ryan Niemiec dirige el programa de educación del Values in Action Institute (VIA), destacada organización estadunidense para el estudio de las fortalezas individuales. "Es transformador descubrir las fortalezas propias", dice. "La mayoría de nosotros somos ciegos a ellas."

Niemiec afirma que conocer tus fortalezas innatas no significa no atender las áreas en que puedes mejorar. Por ejemplo, si él trabajara con una mujer preocupada por su seguridad al ascender en el escalafón corporativo, sin duda le aconsejaría atender primero sus fortalezas y sacar el mayor provecho de ellas. No obstante, ella también podría beneficiarse de desarrollar más persistencia, aun si ésta no es una de sus fortalezas naturales.

Al responder a la encuesta en línea de VIA, a Claire le sorprendieron menos los resultados que la interpretación. "Sabía que tengo facilidad para tratar a la gente, pero jamás imaginé que ésa fuera mi fortaleza principal. Inteligencia social resultó ser mi tendencia dominante. Me enteré así de que poseo gran inteligencia emocional, soy adaptable a varias situaciones sociales y sintonizo con los demás. Todo esto es cierto. Tal vez por eso me gusta tanto reportear. Pero *saber* que eso es una fortaleza, algo valioso en el trabajo, me habría vuelto mucho más segura hace diez años."

Éste es, entonces, el arte de la seguridad. La manera en que cada una de nosotras genera una interacción segura con el mundo basada en lo que somos como mujeres y como individuos. El hecho de que, cuando nos casamos, escuchemos las opiniones de los demás y no pidamos perdón por la nuestra. La forma en que pedimos votos, o donativos, o apoyo, al tiempo que domesticamos la voz que nos dice que somos presuntuosas. El modo en que conciliamos lo que las autoras creímos durante más de un año que era inconciliable: nuestra renuncia a hablar fuerte y a tomar el centro del escenario con la necesidad imperiosa de hacer oír nuestra voz.

Atreverse a ser diferentes

Autenticidad. Eso es lo que promovemos aquí. Fue la última parte de la clave en llegar a nosotras, pero podría ser el eje. Cuando la seguridad emana de nuestra esencia, somos más poderosas que nunca.

En retrospectiva, nosotras nos percatamos de que eso fue justo lo que Christine Lagarde, la directora del FMI, nos dijo cuando nos advirtió, la noche que cenamos con ella, que ser tan arrojadas como los hombres podía obligarnos a sacrificar lo que nos vuelve singulares. Y en ese panel de mujeres en Davos del que ella nos contó, la mujeres exhibieron auténtica seguridad al tiempo que escuchaban y se turnaban para tomar la palabra, a diferencia del modelo usual, representado por la agresiva actuación del único hombre en el panel. Lagarde también nos dijo en esa ocasión que era preciso tornar en virtud nuestras diferencias, en vez de intentar esconderlas, borrarlas o cambiarlas. Al acercarnos al final de nuestra investigación, eso pareció especialmente resonante. Una nueva presidenta de un país en desarrollo decide cambiar una tradición. Ninguno de las presidentes previos de su país, todos ellos hombres, salía del palacio sin un séquito de veinticinco automóviles. Pero esta nueva presidenta lo creía innecesario. El país está en quiebra. Ella decide usar cinco.

"Lo propone", cuenta Lagarde, "pero la gente le dice, en especial las mujeres: '¿Por qué haces eso? Lo haces porque eres mujer, y por tanto vas a socavar la condición de presidente como mujer y la gente sabrá que una mujer es menos que un hombre'."

205

Lagarde, quien sirve de asesora extraoficial a lideresas de todo el mundo, no dudó en dar su opinión. "Le dije que se atreviera a ser diferente", continúa. "'Convierte eso en tu mayor atractivo. No intentes medirte, ni medir tu desempeño y popularidad, con los estándares, normas e indicadores que los hombres usaron antes que tú. Porque tú partes de una perspectiva distinta, tienes una plataforma distinta, quieres promover iniciativas distintas y debes ser auténtica al respecto'. Así que ella se quedó con los cinco. Pero esto es difícil; imagino las presiones. Y yo me he empeñado en llamarle una vez al mes para decirle que no se rinda."

Atreverse a ser diferente. Esto nos gusta. "Hay que ser hábil para hacerlo", admite Lagarde, "pero, en cierto sentido, también debes estar segura de que eres diferente."

Hace dos años, cuando nosotras nos embarcamos en este proyecto, el "problema" de nuestra falta de seguridad parecía un tema imponente. De hecho, habíamos pensado titular nuestro libro *La brecha de la seguridad.* Como periodistas, el acertijo nos estimulaba; como mujeres, éramos pesimistas. Nuestras primeras investigaciones produjeron casos y estadísticas que parecían difíciles de combatir y una perspectiva que tardaría generaciones en cambiar. Ocasionalmente nos preguntamos si las mujeres estábamos destinadas a sentirnos menos seguras de nosotras mismas.

Pero mientras desarmábamos el tema de la seguridad y desentrañábamos meticulosamente los hallazgos científicos, sociales y prácticos, comenzamos a ver algunos destellos. De repente, nuestra fiebre de seguridad se disparó y tomamos nuestras vasijas con fervor de buscadores de oro, separando el polvo y la arena, haciendo girar los restos hasta hallar abundantes pepitas antes pasadas por alto, insuficientemente examinadas o no desenterradas. Las probamos y palpamos, y las hicimos pasar por el guante de nuestros expertos e investigadores hasta que estuvimos ciertas de cuáles piedras eran oro molido. Éstas se convirtieron en nuestra senda para la generación de seguridad —en nuestro código— y las redujimos a lo básico:

Piensa menos. Actúa. Sé auténtica

La seguridad está a nuestro alcance. Experimentarla puede volverse adicción. Y sus mayores recompensas no están debidamente representadas por los logros laborales o el éxito externo. "Me siento muy comprometida, sintonizada y hasta algo prendida, como si estuviera haciendo algo grande, y sumergida en la acción", dice Patti Solis Doyle, cerrando los ojos al invocar sus recuerdos. "Me siento recompensada", nos dice Caroline Miller. "Y aceptada: que hay un lugar para mí en el mundo, que puedo triunfar, que tengo un propósito. La palabra japonesa que significa 'propósito' se traduce literalmente como 'aquello para lo que despierto'. Yo pienso así."

Estamos de vuelta en el Verizon Center, para echar un último vistazo a las jugadoras estrella de las Mystics, Monique Currie y Crystal Langhorne, esta vez en pleno partido. La multitud delira; las Mystics están a punto de llegar a los *playoffs*.

Algo que nuestros esposos nos han dicho a lo largo de los años de pronto parece cierto: el deporte *es* una metáfora de la vida. Porque podemos verlo en la cancha. La preparación y la práctica fusionadas con un propósito: la zona de la confianza. Justo cuando la metáfora comienza a desgastarse, Crystal falla un tiro largo. Pero minutos después ataja un rebote, vuelve a echar a correr hacia la canasta, gira a la derecha, ataca el tablero con un gancho de zurda y hunde el balón. Ella es todo poder en ese momento, sobrehumana, entrechocando palmas con una compañera en posesión de una mirada que dice: "Yo sabía que podía".

Parece fácil ahora, pero nosotras sabemos, y ella lo sabe también, cómo llegó ahí: las horas de entrenamiento invertidas en ese disparo y en la creación del estado de ánimo y la acción. Sí, Crystal puede dudar de vez en cuando. Pero ha vencido esa tendencia lo suficiente para actuar. Se ha ganado a pulso su confianza en sí misma. Lo que nosotras acabábamos de ver era extraordinario, más que sobrehumano, mejor que lo que una supermujer podría hacer. Porque es real y es posible.

Agradecimientos

Hace unos años, las autoras de este libro nos hallábamos en el Capitolio estadunidense, oyendo hablar a una serie de oradores sobre el siempre irritante tema de las mujeres y el trabajo. Acabábamos de terminar de escribir *Womenomics* (La economía de las mujeres) y ya formábamos parte de una lista maestra para toda reunión sobre mujeres. Esa sesión en particular tenía verificativo en una atestada sala de un sótano. Aparentemente, lo mejor sigue siendo realizar reuniones sobre potenciación de las mujeres en rincones un tanto incómodos.

Ya sabíamos casi todo lo que oímos ahí: que las mujeres contribuyen a las ganancias de las compañías, que las compañías quieren el talento de las mujeres pero que por alguna razón el conducto a la cima sigue bloqueado. Escuchamos una letanía de soluciones predecibles relacionadas con horarios flexibles, leyes y entrevistas con mentores.

Llegó entonces el turno de Marie Wilson. De casi setenta años de edad y legendaria feminista y luchadora por la participación de las mujeres en la política, posee una determinación titánica revestida de una gracia de antaño. Como señalamos en la introducción, Marie dijo que debíamos concebir el desafío de esta manera: "Cuando, al pensar en su carrera futura, un hombre se mira en el espejo, ve a un senador. Una mujer nunca sería tan presuntuosa. Necesita un empujón para ver esa imagen".

Percibimos ahí una claridad como no habíamos visto nunca antes. Esto nos ayudó de inmediato a comprender lo que contemplábamos en nuestro trabajo como reporteras. De hecho, después le dijimos a Marie

209

que creíamos que, por lo general, las mujeres ni siquiera podemos ver lo que ya somos, lo que ya hemos logrado.

Supimos que ése era un fenómeno que debíamos explorar. Estamos muy agradecidas con Marie por habernos dado la sacudida inicial y con todos los espíritus afines al suyo que han trabajado durante décadas en estos temas, por darnos las oportunidades que tenemos ahora.

Tal como nosotras aprendimos, la inspiración es sólo uno de los elementos para allanar el camino a la acción. Este libro no habría salido jamás de nuestros caviladores cerebros multitarea sin las siempre incisivas ideas y aliento que nuestro agente Rafe Sagalyn nos proporciona sin cesar. Sencillamente, Rafe se negó a aceptar que no tuviéramos otro libro en mente. Hacemos un sincero cumplido cuando decimos que él puede pensar maravillosamente como una mujer.

Nuestra brillante editora, Hollis Heimbouch, creyó en este proyecto desde nuestra primera llamada telefónica y, como lo hizo con *Womenomics*, apuntaló nuestro trabajo con su entusiasmo y extraordinaria sensibilidad, ayudándonos a aclarar el tema e instándonos a hacer pleno uso de nuestra voz. Ella rio y gruñó y se maravilló con nosotras en cada sección, sin permitirnos nunca bajar el nivel. Hollis es en muy alto grado el prototipo de amiga ideal que mencionamos.

Este libro jamás habría llegado a las prensas sin la meticulosa atención al detalle e infinita paciencia del editor asociado Colleen Lawrie. Leslie Cohen y Stephanie Cooper: gracias por su intenso trabajo y también por su entusiasmo. Estamos muy agradecidas con todo el equipo de HarperCollins.

Gracias eternas por la ayuda de docenas de generosos e indulgentes académicos y científicos. Ellos nos explicaron con pormenores cómo funciona la mente humana, cognitiva, biológica, genética y filosóficamente. Se las ingeniaron con gentileza para no mostrar la exasperación que pudieron sentir al impartir cursos intensivos de neurociencias y psicología. Esperamos sinceramente haberles hecho justicia. Laura-Ann Petitto nos guio con entusiasmo por su trabajo y su laboratorio en Gallaudet, y nos dio horas de su tiempo detallando las fronteras de las neurociencias. Steve Suomi y sus monos ya son ahora como unos amigos para nosotras. Adam Kepecs nos dio una nueva apreciación de las ratas, leyó muy generosamente nuestros capítulos y realizó amplios seminarios por correo electrónico a altas horas de la noche, con todo e ilustraciones escaneadas, sobre la naturaleza de la seguridad en uno mismo. Jay Lombard y Nancy Grden, de Genomind, fueron muy generosos no sólo al ofrecerse a probar los genes de dos autoras aprensivas y de agresiva apariencia, sino también al pasar horas en el teléfono explicándonos los resultados, así como el resto de la información científica sobre nosotras. Fernando Miranda, como siempre, fue un amigo maravilloso. Catherine Afarian y Emily Drabant Conley, de 23andMe, fueron igualmente amables al hacer nuestras pruebas a la velocidad de la luz y al guiarnos después por todos sus fantásticos datos. Fue una delicia conocer a Tom Jessell, de la Columbia University; un potentado del cerebro y la mente cuyo entusiasmo es contagioso. Gracias también al doctor Daniel Amen, cuyo libro sobre las diferencias entre los cerebros de uno y otro género es imposible de subestimar. Daphna Shohamy, Sarah Shomstein, Rebecca Elliott y Frances Champagne: apreciamos mucho sus discernimientos sobre lo más reciente de las ciencias del cerebro.

Tuvimos asimismo la suerte de contar con la ayuda de algunos de los mejores académicos de psicología del mundo. Ellos nos guiaron por las complicaciones de la seguridad y nos hicieron ver, con enorme paciencia, muchas de nuestras nociones preconcebidas. También les debemos nuestra comprensión holística de esta misteriosa y poderosa área. Richard Petty fue un dechado de tranquilidad, contestando cada pregunta y destilando cuidadosamente los muchos matices de la seguridad en una versión práctica que nosotras pudiéramos entender. Cameron Anderson nos cautivó con su investigación acerca del poder de la seguridad sobre la capacidad. Zach Estes nos mostró que existe una brecha de género, pero que es únicamente de seguridad, no de aptitud; las mujeres, en efecto, podemos estacionar el coche tan bien como los hombres. Peggy McIntosh y Joyce

Ehrlinger parecieron siempre auténticamente felices de platicar con nosotras, una vez más. Jenny Crocker, Carole Dweck, David Dunning, Victoria Brescoll, Brenda Major, Christy Glass, Kristin Neff, Nacy Delston,
Ken DeMarree, Shelley Taylor, Suzanne Segerstrom, Nansook Park y
Barbara Tannenbaum fueron instructores atentos y sugerentes. Ryan Niemiec nos enseñó la importancia de los valores en nuestra ecuación. Y la-
mentamos no haber podido conocer a Chris Peterson; nuestra entrevista
con él fue muy esclarecedora e interesante. Su extraordinario espíritu sal-
ta a la vista, aun en una llamada de treinta minutos.

Sharon Salzberg nos brindó un apacible y perspicaz interludio.
A las vigorosas mujeres de Running Start, Susannah Wellford Shakow,
Katie Shorey y Jessica Grounds (ahora parte del equipo que promueve la
nueva candidatura presidencial de Hillary Clinton): gracias por su ayuda
invaluable. ¡Qué importante misión tiene Running Star!

Monique Currie y Crystal Langhorne no sólo jugaron basquetbol estupendamente y dejaron que Della anotara unas cuantas canastas,
sino que además nos ofrecieron una mirada inusual sobre la escala de la
brecha de la seguridad, aun en su imponente terreno. A los entrenadores
Mike Thibault y Karen Kelser, gracias por su tiempo y por todo lo que
hacen por las mujeres y las jóvenes. Michaela Bilotta: siempre estaremos
agradecidas por tu sinceridad al compartir con nosotras tus espeluznantes
anécdotas de Annapolis. Te lo mereces todo; te lo ganaste. Chrissellene
Petropoulos: nos hiciste reír y apreciar los peligros de una vida en un escenario real. Eunice Mussa-Napolo: jamás olvidaremos tu historia.

Hablamos con muchas figuras públicas, mujeres muy ocupadas y
con un sinfín de obligaciones, pero ansiosas de ayudarnos a todas a resolver la ecuación de la confianza. Christine Lagarde, senadora Gillibrand,
secretaria Chao, Valerie Jarrett, Linda Hudson, generala Wright, Jane
Wurwand, Clara Shih, Michelle Rhee: gracias. Y unas palabras especiales de gratitud a Sheryl Sandberg, quien hace unos años ofreció a dos rela-
tivas desconocidas pronto entusiasmo, valiosa dirección y el cometido de
cuestionar nuestros supuestos. Muy generosamente y en forma más bien
inesperada, después leyó nuestro casi terminado manuscrito en medio de

sus vacaciones de invierno, ofreciendo sugerencias muy concretas e increíblemente útiles. ¡Qué maravilloso fue experimentar de primera mano lo que los expertos nos habían dicho: que el verdadero apoyo que una mujer puede ofrecer a otra no es necesariamente consuelo o conmiseración, sino la fuerza de su atención, sus ideas y su honestidad! Gracias, Sheryl.

Y a nuestras amigas que cedieron su igualmente precioso tiempo, privacidad y saber para ayudarnos en este proyecto: Patti Solis Doyle, Tia Cudahy, Virginia Shore, Beth Wilkinson, Pattie Sellers y Tanya Coke. Ustedes fueron sinceras, divertidas e inspiradoras al poner al descubierto sus historias de horror. No habríamos podido descifrar este código reacio sin ustedes y el esfuerzo habría sido mucho menos entretenido.

Elizabeth Spayd nos ofreció una visión crítica y genuina pasión por nuestro proyecto. Estamos en deuda contigo. Y Marcia Kramer: fuiste una bendición, con tu entusiasmo para afinar cada detalle.

John Boulin, Vivien Caetano, Jonathan Csapo y Lizette Baghdadi nos ayudaron invaluablemente en varias etapas, mediante investigación, corrección, transcripción y elaboración de notas al calce. Su nivel de compromiso fue una bendición y su entusiasmo sumamente grato.

Nuestros jefes en la BBC y en ABC siempre han apoyado nuestros empeños, y agradecemos que hayan tolerado nuestra temporal distracción del deber. Gracias en especial a Kate Farrell, de BBC World News America, quien mantuvo el noticiario en perfecta operación mientras nosotras perseguíamos la seguridad, y a Ben Sherwood, de ABC, generoso defensor de la fusión periodismo/libros.

Como es siempre el caso, las personas obligadas a vernos trabajar de cerca en este proyecto soportaron el mayor peso de nuestra búsqueda de la seguridad. Aguantaron nuestros horarios impredecibles y el ocasional incumplimiento de nuestro deber de madres.

Katty agradece todos los días tener a Awa M'Bow en su familia; su bondad y generosidad son un ejemplo para todas nosotras. Claire no habría podido escribir este libro sin el firme apoyo de Janet Sanderson, quien se ha vuelto parte de nuestro clan y cuyo gran corazón es una inspiración. Gracias. Y Tara Mahoney: te las arreglaste para mantener en marcha a los Shipman/Carney y reír al mismo tiempo. Estamos muy agradecidas con tus resplandecientes habilidades.

Nuestros hijos toleraron la perpetua distracción de sus madres, encerradas en la oficina, cargando computadoras y un montón de papeles o citándoles otra estadística fastidiosa. No, pese a su constante cantaleta, no queremos más al libro de lo que los queremos a ustedes. Ni de cerca.

Queremos agradecerles profundamente la inspiración que nos dan casi con cada paso. Es una imponente ventana a la seguridad ver el impulso visceral de Hugo a cuestionar las convenciones y la autoridad, a actuar y provocar, y su disposición posterior a no hacer caso a lo que piensen los demás. Gracias por tu alegría, tu ingenio y tus abrazos; me encanta ver cómo te conviertes en un joven maravilloso, con planes y entusiasmo suficientes para tres vidas al menos. Y ver a Jude inducir a un grupo entero a apreciar su falda escocesa, con una seguridad extraordinaria en su personalidad; nos encanta verte operar. Y ver a Felix persistir, con impresionante determinación, bajo las pruebas de la vida en una cultura totalmente nueva, con poca luz del sol para aliviar los días y salir triunfante. Te extraño a diario, pero estoy feliz de ver que te diviertes. La confianza de Maya está en pleno y determinado desarrollo y no dudamos que el mundo será mejor cuando ella lo conduzca. No sé qué voy a hacer sin ti; todos te extrañaremos. Y a nuestras hijas menores: Della, qué doloroso fue ver que el mundo sigue sin lucir bien desde el punto de vista de una niña de cuatro años que lamentó durante más de dos, con voluble angustia, no poder crecer para ser su amado Batman, en versión femenina. Tú y tus pasiones, Della, me han enseñado más de lo que nunca creí que fuera posible aprender. Estoy tan agradecida por ti y por tu amor; ya quisiera tener la mitad de tu valentía y sentido de aventura. El mundo libre, como siempre me recuerda mi amiga Patti, está esperando que crezcas y lo dirijas. El primer verano en que Poppy se tiñó el cabello de azul, ella tenía cinco años y desde entonces se lo hemos visto también de púrpura y verde; hace falta una identidad muy firme para experimentar con el color de tu pelo en el jardín de niños. Aun después de toda esta investigación, no sé de dónde la sacaste, pero eres el norte y guía de mi seguridad.

Y gracias en especial a nuestros muy pacientes y fantásticamente comprensivos esposos, Tom y Jay. Ambos leyeron el manuscrito con gran interés y con sugerencias que fueron desde comas hasta agudos comentarios, mejoraron mucho este libro. Nos llevaron té (a Katty) y helado (a Claire), se ocuparon de traer y llevar a los niños y llenaron todos los vacíos, siempre inesperados. Somos muy afortunadas. Y estamos seguras de que elegimos bien a nuestros maridos.

Por último, queremos agradecer al destino habernos unido. O quizá debamos darnos más crédito que ése. Habiendo aprendido la lección de este libro, no loaremos únicamente a la suerte por ser amigas, socias y colaboradoras de confianza. Nos agradecemos una a otra los mutuos esfuerzos que hemos hecho por cultivar nuestra relación. No hay muchas personas en el mundo que puedan escribir no uno sino dos libros y sigan siendo las mejores amigas.

Notas

I. NO BASTA CON SER CAPAZ

1 http://elainelchao.com/biography.
2 "BBC News Profile: Dominique Strauss-Kahn", actualización más reciente 10 de diciembre de 2012, http://www.bbc.co.uk/news/world-europe-13405268; "Strauss-Kahn Resigns From IMF; Lawyers to Seek Bail on Rape Charges", actualización más reciente 19 de mayo de 2011, http://abcnews.go.com/US/dominique-strauss-khan-resigns-lawyers-return-court-seeking/story?id =13636051.
3 Jill Flynn, Kathryn Heath y Mary Davis Holt, "Four Ways Women Stunt Their Careers Unintentionally", *Harvard Business Review*, núm. 20, 2011.
4 Linda Babcock, "Nice Girls Don't Ask", *Harvard Business Review*, 2013.
5 Marilyn J. Davidson y Ronald J. Burke, *Women in Management Worldwide*, Aldershot, Ashgate, 2004, p. 102.
6 Justin Kruger y David Dunning, "Unskilled and Unaware of It: How Difficulties in Recognizing One's Own Incompetence Lead to Inflated Assessments", *Journal of Personality and Social Psychology*, vol. 77, núm. 6, diciembre de 1999, pp. 1121-1134, doi:10.1037/0022-3514.77.6.1121.
7 David Dunning, Kerri Johnson, Joyce Ehrlinger y Justin Kruger, "Why People Fail to Recognize Their Own Incompetence", *Current Directions in Psychological Science*, núm. 3, 2003, pp. 83-87.
8 Christopher F. Karpowitz, Tali Mendelberg y Lee Shaker, "Gender Inequality in Deliberative Participation", *American Political Science Review*, vol. 106, núm. 3, 2012, pp. 533-547.
9 Toni Schmader y Brenda Major, "The Impact of Ingroup vs. Outgroup Performance on Personal Values", *Journal of Experimental Social Psychology*, vol. 35, núm. 1, 1999, pp. 47-67.
10 Ernesto Reuben, Columbia University Business School Journal, Ideas At Work: "Confidence Game", modificación más reciente 22 de noviembre de 2011, https://www4.gsb.columbia.edu/ideasatwork/feature/7224716/Confidence Game.
11 Nalini Ambady, Margaret Shih, Amy Kim y Todd L. Pittinsky, "Stereotype Susceptibility in Children: Effects of Identity Activation on Quantitative Performance", *Psychological Science*, vol. 12, núm. 5, 2001, pp. 385-390.

12 Hau L. Lee y Corey Billington, "The Evolution of Supply-Chain-Management Models and Practice at Hewlett-Packard", *Interfaces*, vol. 25, núm. 5, 1995, pp. 42-63.
13 Cameron Anderson, Sebastien Brion, Don A. Moore y Jessica A. Kennedy, "A Status-Enhancement Account of Overconfidence", 2012, http://haas.berkeley.edu/faculty/papers/anderson/status%20enhancement%20account%20of%20overconfidence.pdf.
14 Mihaly Csikszentmihalyi, *Flow*, Nueva York, HarperCollins, 1991.

2. HAZ MÁS, PIENSA MENOS

1   Adam Kepecs, Naoshige Uchida, Hatim A. Zariwala y Zachary F. Mainen, "Neural Correlates, Computation and Behavioural Impact of Decision Confidence", *Nature*, vol. 455, núm. 7210, 2008, pp. 227-231.
2   Martin E. Seligman, *Learned Optimism: How to Change Your Mind and Your Life*, Nueva York, Random House Digital, 2011.
3   Morris Rosenberg, *Conceiving the Self*, Nueva York, Basic Books, 1979.

Para verificar tu nivel de autoestima, califica los enunciados siguientes con una de estas cuatro frases:

Totalmente de acuerdo
De acuerdo
En desacuerdo
Totalmente en desacuerdo

1. Creo ser una persona valiosa, al menos tanto como los demás.
2. Creo tener varias cualidades.
3. En general, me inclino a pensar que soy un fracaso.
4. Puedo hacer las cosas tan bien como la mayoría.
5. No creo tener mucho de qué enorgullecerme.
6. Tengo una actitud positiva conmigo.
7. En general, me siento satisfecho conmigo mismo.
8. Me gustaría respetarme más.
9. A veces me siento inútil.
10. A veces creo no ser bueno en absoluto.

Calcula tu resultado como sigue:
Para los enunciados 1, 2, 4, 6 y 7:

Totalmente de acuerdo = 3
De acuerdo = 2
En desacuerdo = 1
Totalmente en desacuerdo = 0

Para los enunciados 3, 5, 8, 9 y 10:
Totalmente de acuerdo = 0
De acuerdo = 1
En desacuerdo = 2
Totalmente en desacuerdo = 3

La escala va de 0 a 30. Los resultados entre 15 y 25 entán dentro del intervalo normal; los menores de 15 sugieren una autoestima baja.

[4] David H. Silvera y Charles R. Seger, "Feeling Good About Ourselves: Unrealistic Self-Evaluations and Their Relation to Self-Esteem in the United States and Norway", *Journal of Cross-Cultural Psychology*, vol. 35, núm. 5, 2004, pp. 571-585.

[5] N. Park y C. Peterson, "Positive Psychology and Character Strengths: Its Application for Strength-Based School Counseling", *Journal of Professional School Counseling*, núm. 12, 2008, pp. 85-92; N. Park y C. Peterson, "Achieving and Sustaining a Good Life", *Perspectives on Psychological Science*, núm. 4, 2009, pp. 422-428.

[6] Sharon Salzberg, *The Kindness Handbook: A Practical Companion*, Boulder, Sounds True, 2008; *Real Happiness: The Power of Meditation: A 28-Day Program*, Nueva York, Workman Publishing, 2011.

[7] Kristin Neff, "Self-Compassion: An Alternative Conceptualization of a Healthy Attitude Toward Oneself", *Self and Identity*, vol. 2, núm. 2, 2003, pp. 85-101.

[8] Albert Bandura, "Self-Efficacy: Toward a Unifying Theory of Behavioral Change", *Psychological Review*, vol. 84, núm. 2, 1977, p. 191.

[9] Zachary Estes, "Attributive and Relational Processes in Nominal Combination", *Journal of Memory and Language*, vol. 48, núm. 2, 2003, pp. 304-319.

[10] Esta primera prueba, elaborada por el profesor Richard Petty de la Ohio State University y Kenneth DeMarree de la University of Buffalo, se creó apenas en 2013. Es simple y significa que proporciona un claro sentido de confianza general. La clave es ser tan honesto como sea posible en las respuestas.

Califica los enunciados siguientes con una escala de 1 a 9: 1 indica que estás completamente de acuerdo; 9, que estás en completo desacuerdo.

1. Soy una persona buena.
2. Soy una persona triste.
3. Soy una persona segura.
4. Soy una persona ineficaz.
5. Soy una persona cordial.
6. Soy una persona mala.
7. Soy una persona feliz.
8. Soy una persona indecisa.

9. Soy una persona eficaz.

10. Soy una persona insensible.

Separa tus resultados de los enunciados 3 y 8. Invierte el resultado del enunciado 3; es decir, si te asignaste 2, conviértelo en 8. Suma los dos resultados.

Un resultado general de 2 significa que eres muy indeciso, y uno de 18, que eres muy seguro.

El resultado promedio de los jóvenes que estudian en Texas Tech y Ohio State es de 13, lo que puede servir de referencia a tu resultado. Según el profesor Petty, un intervalo de 9 a 14 representa el promedio, con base en los datos obtenidos hasta ahora. Un resultado de menos de 9 es inferior al promedio, y de más de 14 superior al promedio.

Para más información sobre cómo se ha usado hasta ahora esta escala, véanse estudios como K. G. DeMarree, C. Davenport, P. Briñol y R. E. Petty, "The Role of Self-Confidence in Persuasion: A Multi-Process Examination", presentado en el congreso anual de la Midwestern Psychological Association, Chicago, mayo de 2012, y R. E. Petty, K. G. DeMarree y P. Briñol, "Individual Differences in the Use of Mental Contents", presentado en el congreso anual de la Society of Experimental Social Psychology, Berkeley, septiembre de 2013.

Otro indicador relevante es la escala general de eficacia personal, desarrollada en 1981 y aún de uso frecuente. Este indicador mide la creencia en la capacidad para hacer cosas más que una noción generalizada de seguridad. (Su versión en inglés fue realizada por Ralf Schwarzer y Matthias Jerusalem en 1995.)

Califica los enunciados usando este formato de respuesta:

1 = Nada cierto
2 = Apenas cierto
3 = Moderadamente cierto
4 = Completamente cierto

1. Siempre resuelvo problemas difíciles si me empeño lo suficiente.
2. Si alguien se me opone, busco la forma de lograr lo que quiero.
3. Me es fácil apegarme a mis propósitos y cumplir mis metas.
4. Estoy seguro de que puedo lidiar eficazmente con hechos inesperados.
5. Gracias a mi habilidad, sé manejar situaciones imprevistas.
6. Puedo resolver casi todos mis problemas si invierto el esfuerzo necesario.
7. Puedo mantener la calma frente a las dificultades, porque confío en mi aptitud para afrontar las cosas.
8. Cuando tengo un problema, por lo general encuentro varias soluciones.
9. Si estoy en dificultades, habitualmente se me ocurre una solución.
10. Por lo general puedo manejar todo lo que se cruza en mi camino.

Tu total estará entre 10 y 40. Un resultado alto indica una actitud segura; uno de 29 es el promedio mundial.

3. PROGRAMADAS PARA LA SEGURIDAD

[1] Stephen J. Suomi *et al.*, "Cognitive Impact of Genetic Variation of the Serotonin Transporter in Primates Is Associated with Differencesi n Brain Morphology Rather than Serotonin Neurotransmission", *Molecular Psychiatry*, vol. 15, núm. 5, 2009, pp. 512-522.

[2] Klaus-Peter Lesch *et al.*, "Association of Anxiety-Related Traits with a Polymorphism in the Serotonin Transporter Gene Regulatory Region", *Science*, vol. 274, núm. 5292, 1996, pp. 1527-1531.

[3] A. Graff-Guerrero, C. De la Fuente-Sandoval, B. Camarena, D. Gomez-Martin, R. Apiquian, A. Fresan, A. Aguilar *et al.*, "Frontal and Limbic Metabolic Differences in Subjects Selected According to Genetic Variation of the SLC6A4 Gene Polymorphism", *Neuroimage*, vol. 25, núm. 4, 2005, pp. 1197-1204.

[4] Alexandra Trouton, Frank M. Spinath y Robert Plomin, "Twins Early Development Study (TEDS): A Multivariate, Longitudinal Genetic Investigation of Language, Cognition and Behavior Problems in Childhood", *Twin Research*, vol. 5, núm. 5, 2002, pp. 444-448.

[5] Robert Plomin *et al.*, "DNA Markers Associated with High Versus Low IQ: The IQ Quantitative Trait Loci (QTL) Project", en *Behavior Genetics*, vol. 24, núm. 2, 1994, pp. 107-118.

[6] ¿Realmente puedes agradecer a tus genes tu habilidad para el fox-trot? Investigadores israelíes descubrieron que los bailarines profesionales suelen compartir dos variantes de genes: una regula la serotonina y la otra afecta a la hormona vasopresina, la cual influye a su vez en la vinculación y comunicación social. La idea (no ampliamente aceptada aún) es que esas variantes refuerzan un impulso a la creatividad, la comunicación, la vinculación e incluso la espiritualidad, lo que vuelve más atractiva la danza. Curiosamente, los bailarines no comparten una variación genética que muchos grandes atletas poseen. (Para tu información, se trata de una variante del gen AGT, aparentemente común entre quienes practican deportes extremos y que, según los investigadores, podría afectar la fuerza muscular.) Se ignora hasta la fecha si existe un gen del boliche. R. Bachner-Melman *et al.*, "AVPR1a and SLC6A4 Gene Polymorphisms Are Associated with Creative Dance Performance", en *Public Library of Science Genetics*, 2005, e42.doi: 10.1371/journal.pgen.0010042; Christian Kandler, "The Genetic Links Between the Big Five Personality Traits and General Interest Domains", *Personality and Social Psychology Bulletin*, 2011.

[7] Robert Plomin y Frank M. Spinath, "Intelligence: Genetics, Genes, and Genomics", *Journal of Personality and Social Psychology*, núm. 1, 2004, pp. 112-129, http://webspace.pugetsound.edu/facultypages/cjones/chidev/Paper/Articles/Plomin-IQ.pdf; B. Devlin, Michael Daniels y Kathryn Roeder "The heritability of IQ", *Nature*, núm. 388, 1997, pp. 468-471.

[8] John Bohannon, "Why Are Some People So Smart? The Answer Could Spawn a Generation of Superbabies", *Wired*, 16 de julio de 2013.

[9] Navneet Magon y Sanjay Kalra, "The Orgasmic History of Oxytocin: Love, Lust, and Labor", *Indian Journal of Endocrinology and Metabolism*, núm. 15, 2011, p. S156.

10 En Alemania, investigadores reunieron a cincuenta y siete hombres, algunos de ellos comprometidos en una relación y otros solteros. Todos recibieron cierta dosis de oxitocina vía un espray nasal antes de ser "expuestos" a una investigadora muy atractiva. Mientras ella se acercaba y alejaba de cada hombre, se pidió a éstos reportar cuándo estaba ella a la "distancia ideal". Los que recibieron oxitocina y tenían una relación monógama optaron por mantener más lejos a la sirena científica; en promedio, la mantuvieron de diez a quince centímetros más lejos que los solteros. En el estudio no se indicó cuán cerca quisieron tenerla éstos o cómo iba vestida ella, detalles evidentemente cruciales. Pero consulta el número del *Journal of Neuroscience* de noviembre de 2012, que da un nuevo y audaz giro al asunto.

11 Shelley E. Taylor *et al.*, "Gene-Culture Interaction Oxytocin Receptor Polymorphism (OXTR) and Emotion Regulation", *Social Psychological and Personality Science*, vol. 2, núm. 6, 2011, pp. 665-672.

12 Cynthia J. Thomson, "Seeking sensations through sport: An interdisciplinary investigation of personality and genetics associated with high-risk sport", 2013.

13 Anil K. Malhotra *et al.*, "A functional polymorphism in the COMT gene and performance on a test of prefrontal cognition", *American Journal of Psychiatry*, vol. 159, núm. 4, 2002, pp. 652-654.

14 Nessa Carey, *The Epigenetics Revolution: How Modern Biology Is Rewriting Our Understanding of Genetics, Disease, and Inheritance*, Nueva York, Columbia University Press, 2012; Richard C. Francis, *Epigenetics: How Environment Shapes Our Genes*, Nueva York, Norton, 2012; Paul Tough, "The Poverty Clinic: Can a Stressful Childhood Make You a Sick Adult?", *New Yorker*, 21 de marzo de 2011; Stacy Drury, "Telomere Length and Early Severe Social Deprivation: Linking Early Adversity and Cellular Aging", *Molecular Psychiatry*, núm. 17, 2012, pp. 719-27; Jonathan D. Rockoff, "Nature vs. Nurture: New Science Stirs Debate: How Behavior is Shaped; Who's an Orchid, Who's a Dandelion", *Wall Street Journal*, 16 de septiembre de 2013.

15 Frances Champagne y Michael J. Meaney, "Like mother, like daughter: Evidence for non-genomic transmission of parental behavior and stress responsivity", *Progress in Brain Research*, núm. 133, 2001, pp. 287-302.

16 Rachel Yehuda *et al.*, "Transgenerational effects of posttraumatic stress disorder in babies of mothers exposed to the World Trade Center attacks during pregnancy", *Journal of Clinical Endocrinology & Metabolism*, vol. 90, núm. 7, 2005, pp. 4115-4118.

17 Robert A. Waterland y Randy L. Jirtle, "Transposable Elements: Targets for Early Nutritional Effects on Epigenetic Gene Regulation", *Molecular and Cellular Biology*, núm. 23, 2003, pp. 5293-5300.

18 Bruce J. Ellis y W. Thomas Boyce, "Biological Sensitivity to Context", *Current Directions in Psychological Science*, vol. 17, núm. 3, 2008, pp. 183-187.

19 Avshalom Caspi *et al.*, "Genetic Sensitivity to the Environment: The Case of the Serotonin Transporter Gene and Its Implications for Studying Complex Diseases and Traits", *American Journal of Psychiatry*, vol. 167, núm. 5, 2010, p. 509.

20 E. Fox *et al.*, "The Serotonin Transporter Gene Alters Sensitivity to Attention Bias Modification: Evidence for a Plasticity Gene", *Biological Psychiatry*, núm. 70, 2011, pp. 1049-1054.

21 Richard J. Davidson y Bruce S. McEwen, "Social Influences on Neuroplasticity: Stress and Interventions to Promote Well-Being", *Nature Neuroscience*, núm. 15, 2012, pp. 689-695;

222

Peter S. Eriksson *et al.*, "Neurogenesis in the Adult Human Hippocampus", *Nature Medicine*, núm. 4, 1998, pp. 1313-1317; Elizabeth Gould *et al.*, "Neurogenesis in the Dentate Gyrus of the Adult Tree Shrew Is Regulated by Psychosocial Stress and NMDA Receptor Activation", *Journal of Neuroscience*, núm. 17, 1997, pp. 2492-2498; Gerd Kempermann y Fred H. Gage, "New Nerve Cells for the Adult Human Brain", *Scientific American*, núm. 280, 1999, pp. 48-53; Jack M. Parent *et al.*, "Dentate Granule Cell Neurogenesis Is Increased by Seizures and Contributes to Aberrant Network Reorganization in the Adult Rat Hippocampus", *Journal of Neuroscience*, núm. 17, 1997, pp. 3727-3738.

22 Yi-Yuan Tang *et al.*, "Mechanisms of White Matter Changes Induced by Meditation", *Proceedings of the National Academy of Sciences*, 2012, doi:10.1073/pnas.1207817109; B. K. Hölzel *et al.*, "Mindfulness Practice Leads to Increases in Regional Brain Gray Matter Density", *Psychiatry Research: Neuroimaging*, núm. 191, 2011, pp. 36-43.

23 B. K. Hölzel *et al.*, "Stress Reduction Correlates with Structural Changes in the Amygdala", *Social Cognitive and Affective Neuroscience*, núm. 5, 2010, pp. 11-17.

24 R. A. Bryant *et al.*, "Amygdala and ventral anterior cingulate activation predicts treatment response to cognitive behaviour therapy for post-traumatic stress disorder", *Psychological Medicine*, vol. 38, núm. 4, 2008, pp. 555-562.

25 Marla Paul, Northwestern University, "Touching Tarantulas: People with spider phobia handle tarantulas and have lasting changes in fear response", modificación más reciente 21 de mayo de 2012.

26 G. Elliott Wimmer y Daphna Shohamy, "Preference by association: how memory mechanisms in the hippocampus bias decisions", *Science*, vol. 338, núm. 6104, 2012, pp. 270-273.

4. "PERRAS TONTAS Y FEAS" Y OTRAS RAZONES DE QUE LAS MUJERES SEAN MENOS SEGURAS

1 Joanna Barsh y Lareina Yee, "Unlocking the full potential of women in the US economy", 2011, http://www.mckinsey.com/client_service/organization/latest_thinking/unlocking_the_full_potential; Fondo Monetario Internacional, "Women, Work and the Economy", septiembre de 2013, http://www.imf.org/external/pubs/ft/sdn/2013/sdn1310.pdf; Catalyst, "The Bottom Line—Corporate performance and women's representation on boards", 2007, http://www.catalyst.org/knowledge/bottom-line-corporate-performance-and-womens-representation-boards; McKinsey and Company, "Women Matter: Gender diversity, a corporate performance driver", 2007, http://www.mckinsey.com/features/women_matter; doctor Roy D. Adler, Pepperdine University, "Women in the executive suite correlate to high profits", 2009, http://www.w2t.se/se/filer/adler_web.pdf; David Ross, Columbia Business School, "When women rank high, firms profit", 2008, http://www.gsb.columbia.edu/ideas-at-work/publication/560/when-women-rank-high-firms-profit; Ernst y Young, "High achievers: Recognizing the power of women to spur business and economic growth", 2013, http://www.ey.com/Publication/vwLUAssets/Growing_Beyond_-_High_Achievers/$FILE/High%20achievers%20%20Growing%20Beyond.pdf.

2 Claudia Goldin y Cecilia Rouse, "Orchestrating Impartiality: The Impact of 'Blind' Auditions on Female Musicians", núm. w5903, National Bureau of Economic Research, 1997.

3 Carol Dweck, *Mindset: The New Psychology of Success*, Nueva York, Random House Digital, 2006.

4   Erin Irick, "NCAA Sports Sponsorship and Participation Rates Report: 1981-1982-2010-2011", Indianapolis, National Collegiate Athletics Association, p. 69.
5   Alana Glass, "Title IX At 40: Where Would Women Be Without Sports?", Forbes, modificación más reciente 23 de mayo de 2012, http://www.forbes.com/sites/sports money/20 12/05/23/title-ix-at-40-where-would-women-be-without-sports/2/.
6   Brooke de Lench, Home Team Advantage: The Critical Role of Mothers in Youth Sports, Nueva York, HarperCollins, 2006.
7   L. Moldando, University of South Florida, "Impact of Early Adolescent Anxiety Disorders on Self-Esteem Development from Adolescence to Young Adulthood", agosto de 2013.
8   Carol J. Dweck, "The Mindset of a Champion", modificación más reciente 2013, consultado el 9 de octubre de 2013, http://champions.stanford.edu/perspectives/the-mind set-of-a-champion/.
9   Anastasia Prokos e Irene Padavic, "'There Oughtta Be a Law against Bitches': Masculinity Lessons in Police Academy Training", Gender, Work & Organization, vol. 9, núm. 4, 2002, pp. 439-459.
10   Victoria Brescoll, "Who Takes the Floor and Why: Gender, Power, and Volubility in Organizations", Sage Journals, modificación más reciente 26 de marzo de 2012, http://asq.sagepub.com/content/early/2012/02/28/0001839212439994.
11   Joshua Aronson y Claude Steele, "Stereotype Threat and the Intellectual Test Performance of African Americans", Journal of Personality and Social Psychology, núm. 69, 1995.
12   Lawrence M. Berger, Jennifer Hill y Jane Waldfogel, "Maternity Leave, Early Maternal Employment and Child Health and Development in the US", Economic Journal, vol. 115, núm. 501, 2005, pp. F29-F47.
13   Foro Económico Mundial, The Global Gender Gap Report, 2013.
14   "Dove Campaign for Real Beauty", en Eating Disorders: An Encyclopedia of Causes, Treatment, and Prevention, 2013, p. 147.
15   Sylvia Ann Hewlett, Center for Talent Innovation Study, 2011; Mark V. Roehling, "Weight-based Discrimination in Employment: Psychological and Legal Aspects", Personnel Psychology, vol. 52, núm. 4, 1999, pp. 969-1016; "The Seven Ways Your Boss Is Judging Your Appearance", Forbes, noviembre de 2012; Lisa Quast, "Why Being Thin Can Actually Translate Into a Bigger Paycheck for Women", Forbes, 6 de junio de 2011, http://www.forbes.com/sites / lisaquast/2011/06/06/can-being-thin-actually-translate-into-a-bigger-paycheck-for-women/.
16   Leslie McCall, "Gender and the New Inequality: Explaining the College/non-college Wage Gap", American Sociological Review, 2000, pp. 234-255.
17   Susan Nolen-Hoeksema, Blair E. Wisco y Sonja Lyubomirsky, "Rethinking Rumination", Perspectives on Psychological Science, vol. 3, núm. 5, 2008, pp. 400-424.
18   Travis J. Carter y David Dunning, "Faulty Self-Assessment: Why Evaluating One's Own Competence Is an Intrinsically Difficult Task", Social and Personality Psychology Compass, vol. 2, núm. 1, 2008, pp. 346-360.
19   Robert M. Lynd-Stevenson y Christie M. Hearne, "Perfectionism and Depressive Affect: The Pros and Cons of Being a Perfectionist", Personality and Individual Differences, vol. 26, núm. 3, 1999, pp. 549-562; Jacqueline K. Mitchelson, "Seeking the Perfect Balance: Perfectionism and Work-Family Balance", Journal of Occupational and Organizational Psychology, vol. 82, núm. 23, 2009, pp. 349-367.
20   Bob Sullivan y Hugh Thompson, The Plateau Effect, Nueva York, Dutton Adult, 2013.

[21] Para una descripción general de las diferencias cerebrales, sugerimos *The Female Brain*, de Louann Brizendine, o *Unleash the Power of the Female Brain*, de Daniel G. Amen. También es muy útil la creciente bibliografía de investigadores como Gert De Vries, Patricia Boyle, Richard Simmerly, Kelly Cosgrove y Larry Cahill. Por último, hay una muy amplia y útil revisión de la bibliografía sobre el tema: Glenda E. Gillies y Simon McArthur, "Estrogen Actions in the Brain and the Basis for Differential Action in Men and Women: A Case for Sex-Specific Medicines".

[22] Doreen Kimura, "Sex Differences in the Brain", *Scientific American*, vol. 267, núm. 3, 1992, pp. 118-125.

[23] C. Davison Ankney, "Sex Differences in Relative Brain Size: The Mismeasure of Woman, Too?", *Intelligence*, vol. 16, núm. 3, 1992, pp. 329-336.

[24] Michael Gurian, *Boys and Girls Learn Differently! A Guide for Teachers and Parents*, ed. rev., Wiley.com., 2010.

[25] Tor D. Wager, K. Luan Phan, Israel Liberzon y Stephan F. Taylor, "Valence, Gender, and Lateralization of Functional Brain Anatomy in Emotion: A Meta-Analysis of Findings from Neuroimaging", *Neuroimage*, vol. 19, núm. 3, 2003, pp. 513-531.

[26] Marjorie LeMay y Antonio Culebras, "Human Brain-Morphologic Differences in the Hemispheres Demonstrable by Carotid Arteriography", *New England Journal of Medicine*, vol. 287, núm. 4, 1972, pp. 168-170.

[27] Jung-Lung Hsu *et al.*, "Gender Differences and Age-Related White Matter Changes of the Human Brain: A Diffusion Tensor Imaging Study", *Neuroimage*, vol. 39, núm. 2, 2008, pp. 566-577; J. Sacher y J. Neumann *et al.*, "Sexual Dimorphism in the Human Brain: Evidence from Neuroimaging", *Magnetic Resonance Imaging*, núm. 3, abril de 2013, pp. 366-375, doi:10.1016/j.mri.2012.06.007; H. Takeuchi y Y. Taki *et al.*, "White Matter Structures Associated with Emotional Intelligence: Evidence from Diffusion Tensor Imaging", *Human Brain Mapping*, vol. 5, mayo de 2013, pp. 1025-1034, doi:10.1002/hbm.21492.

[28] Richard Kanaan, "Gender Differences in White Matter Microstructure", *PLoS ONE*, vol. 7, núm. 6, 2012; Richard Haier, "The Neuroanatomy of General Intelligence: Sex Matters", *Neuroimage*, vol. 25, marzo de 2005.

[29] Daniel G. Amen, *Unleash the Power of the Female Brain: Supercharging Yours for Better Health, Energy, Mood, Focus, and Sex*, Nueva York, Random House Digital, 2013.

[30] L. Cahill, University of California, Irvine, "Sex-related Differences in Amygdala Functional Connectivity during Resting Conditions", 2006.

[31] George R. Heninger, "Serotonin, Sex, and Psychiatric Illness", *Proceedings of the National Academy of Sciences*, vol. 94, núm. 10, 1997, pp. 4823-4824.

[32] Louann Brizendine, *The Female Brain*, Nueva York, Random House Digital, 2007.

[33] Reuwen Achiron y Anat Achiron, "Development of the Human Fetal Corpus Callosum: A High-Resolution, Cross-Sectional Sonographic Study", *Ultrasound in Obstetrics & Gynecology*, vol. 18, núm. 4, 2001, pp. 343-347.

[34] Alan C. Evans, "The NIH MRI Study of Normal Brain Development", *Neuroimage*, vol. 30, núm. 1, 2006, pp. 184-202.

[35] Angela Josette Magon, "Gender, the Brain and Education: Do Boys and Girls Learn Differently?", tesis de doctorado, University of Victoria, 2009.

[36] P. Corbier, D. A. Edwards y J. Roffi, "The Neonatal Testosterone Surge: A Comparative Study", *Archives of Physiology and Biochemistry*, vol. 100, núm. 2, 1992, pp. 127-131.

[37] Una investigación fascinante reveló que los niveles de testosterona de los niños en sus primeros seis meses de vida son tan altos como los de quienes están en la pubertad. Esta abundancia temporal de testosterona quizá tenga que ver con el desarrollo cerebral, especulan los expertos. W. L. Reed *et al.*, "Physiological Effects on Demography: A Long-Term Experimental Study of Testosterone's Effects on Fitness", *American Naturalist*, vol. 167, núm. 5, 2006, pp. 667-683.

[38] Anna Dreber, "Testosterone and Financial Risk Preferences", Harvard University, 2008.

[39] John M. Coates y Joe Herbert, "Endogenous Steroids and Financial Risk Taking on a London Trading Floor", *Proceedings of the National Academy of Sciences*, vol. 105, núm. 16, 2008, pp. 6167-6172.

[40] Amy Cuddy, "Want to Lean In? Try a Power Pose", *Harvard Business Review*, modificación más reciente 20 de marzo de 2013, http://blogs.hbr.org/2013/03/want-to-lean-in-try-a-power-po-2/.

[41] Nicholas Wright, "Testosterone Disrupts Human Collaboration by Increasing Egocentric Choices", Royal Society of Biological Sciences, 2012.

[42] Louann Brizendine, *op. cit.* Esta autora ofrece una idea detallada del efecto del estrógeno en la personalidad.

[43] Heber Farnsworth y Jonathan Taylor, "Evidence on the Compensation of Portfolio Managers", *Journal of Financial Research*, vol. 29, núm. 3, 2006, pp. 305-324.

[44] Henry Mahncke, "Memory enhancement in healthy older adults using a brain plasticity-based training program", 2006, http://www.pnas.org/content/103/33/12523.abstract.

[45] Lee Gettler *et al.*, "Longitudinal evidence that fatherhood decreases testosterone in human males", 2011, http://www.pnas.org/content/early/2011/09/02/1105403108.abstract.

5. LA NUEVA EDUCACIÓN

[1] R. Baumeister, "The Lowdown on High Self-Esteem", *Los Angeles Times*, 2005.

[2] Kali H. Trzesniewski, M. Brent Donnellan y Richard W. Robins, "Is 'Generation Me' Really More Narcissistic Than Previous Generations?", *Journal of Personality*, vol. 76, núm. 4, 2008, pp. 903-918.

[3] Nansook Park, "The Role of Subjective Well-Being in Positive Youth Development", *Annals of the American Academy of Political and Social Science*, vol. 591, núm. 1, 2004, pp. 25-39.

[4] Amy Chua, "Why Chinese Mothers Are Superior", *Wall Street Journal*, 8 de enero de 2011, http://online.wsj.com/news/articles/SB10001424052748704111504576059713528698754.

[5] Andrea Ichino, Elly-Ann Lindström y Eliana Viviano, "Hidden Consequences of a First-Born Boy for Mothers", abril de 2011, http://ftp.iza.org/dp5649.pdf.

[6] Carol Dweck, *Mindset: The New Psychology of Success*, Nueva York, Random House Digital, 2006.

[7] Jennifer Crocker, "Contingencies of Self-Worth: Implications for Self-Regulation and Psychological Vulnerability", *Self and Identity*, vol. 1, núm. 2, 2002, pp. 143-149.

[8] Caroline Adams Miller, "Five Things That Will Improve Your Life in 2013", modificación más reciente 28 de diciembre de 2013, http://www.carolinemiller.com/five-things-that-will-improve-your-life-in-2013/.

6. FALLAR PRONTO Y OTROS HÁBITOS FAVORABLES A LA SEGURIDAD

[1] Pablo Briñol et al., "Treating Thoughts as Material Objects can Increase or Decrease Their Impact on Evaluation", *Psychological Science*, vol. 24, núm. 1, enero de 2013, pp. 41-47 (publicado en internet el 26 de noviembre de 2012, doi: 10.1177/0956797612449176).
[2] Jennifer Crocker y Jessica Carnevale, "Self-Esteem Can Be an Ego Trap", *Scientific American*, 9 de agosto de 2013, http://www.scientificamerican.com/article.cfm?id=self-esteem-can-be-ego-trap.
[3] Zak Stambor, "A Key to Happiness", *Monitor on Psychology*, vol. 37, núm. 9, 2006, p. 34.
[4] Pablo Briñol, Richard E. Petty y Benjamin Wagner, "Body Posture Effects on Self-Evaluation: A Self-Validation Approach", *European Journal of Social Psychology*, 25 de febrero de 2009.

7. AHORA, TRANSMITE EL MENSAJE

[1] James W. Stigler y James Hiebert, *The Teaching Gap: Best Ideas from the World's Teachers for Improving Education in the Classroom*, Nueva York, Free Press, 1999.
[2] "Japanese Education Method Solves 21st Century Teaching Challenges in America", en Japan society.org, Japan Society, 26 de febrero de 2009, https://www.japansociety.org/page/about/press/japanese_education_method_solves_21st_century_teaching_challenges_in_america.
[3] Jean M. Twenge y Elise C. Freeman, "Generational Differences in Young Adults' Life Goals, Concern for Others, and Civic Orientation, 1966-2009", tesis de doctorado, San Diego State University, 2012.
[4] "Teenage Mental Health: What Helps and What Hurts?", 2009, http://www.dcya.gov.ie/documents/publications/MentalHealthWhatHelpsAndWhatHurts.pdf.
[5] Liz Funk, *Supergirls Speak Out: Inside the Secret Crisis of Overachieving Girls*, Nueva York, Touchstone, 2009.
[6] Organización para la Cooperación y el Desarrollo Económicos (OCDE), "Gender and Sustainable Development: Maximizing the Economic, Social and Environmental Role of Women", 2008, http://www.oecd.org/social/40881538.pdf.
[7] Catalyst.org, "The Promise of Future Leadership: Highly Talented Employees in the Pipeline", 2010, http://www.catalyst.org/knowledge/promise-future-leadership-research-program-highly-talented-employees-pipeline.
[8] Joanne V. Wood, Elaine Perunovic y John W. Lee, "Positive Self-Statements: Power for Some, Peril for Others", National Institutes of Health, julio de 2009.

8. LA CIENCIA Y EL ARTE

[1] Cecilia L. Ridgeway, "Interaction and the Conservation of Gender Inequality: Considering Employment", *American Sociological Review*, 1997, pp. 218-235.
[2] A. O'Neill y Charles O'Reilly, "Overcoming the Backlash Effect: Self-Monitoring and Women's Promotions", *Journal of Occupational and Organizational Psychology*, 2011.
[3] David A. Matsa et al., "A Female Style in Corporate Leadership? Evidence from Quotas", *American Economic Journal: Applied Economics*, en prensa.

Esta obra se imprimió y encuadernó
en el mes de marzo de 2023,
en los talleres de Impresora Tauro, S.A. de C.V.,
Av. Año de Juárez 343, Col. Granjas San Antonio,
C.P. 09070, Iztapalapa, Ciudad de México.